100 SUPER RECETTES

SALADES

Recettes et stylisme : Gema Gomez
Photo : Marc Wauters

MANGO
éditions

SOMMAIRE

SALADES POUR 1

SALADES POUR 2

SALADES POUR 4

CALENDRIER DES FRUITS ET LÉGUMES

JANVIER

Ail
Betterave
Carotte de garde
Céleri-rave
Chicorée
Chou blanc
Chou de Bruxelles
Chou rouge
Courge
Cresson
Crosne
Endive
Épinard
Frisée
Mâche
Navet
Oignon de garde
Panais
Poireau
Pomme de terre
Roquette
Salsifis
Topinambour
Citron
Clémentine
Kiwi
Mandarine
Orange
Pamplemousse
Poire
Pomme

FÉVRIER

Ail
Betterave
Carotte de garde
Céleri-rave
Chicorée
Chou blanc
Chou de Bruxelles
Chou rouge
Courge
Cresson
Crosne
Endive
Épinard
Frisée
Mâche
Navet
Oignon de garde
Panais
Poireau
Pomme de terre
Roquette
Salsifis
Topinambour
Citron
Clémentine
Kiwi
Mandarine
Orange
Pamplemousse
Poire
Pomme
Ail
Asperge blanche

MARS

Asperge verte
Betterave
Blette
Carotte de garde
Céleri-branche
Céleri-rave
Chou blanc
Chou de Bruxelles
Chou frisé
Chou rouge
Cresson
Endive
Épinard
Frisée
Navet
Oignon de garde
Panais
Poireau
Pomme de terre
Radis
Roquette

Salsifis
Topinambour
Citron
Kiwi
Mandarine
Poire
Pomme
Ail

AVRIL

Artichaut
Asperge
Betterave
Blette
Carotte primeur
Chou-fleur
Cive
Concombre
Endive
Épinards
Frisée
Laitue
Navet
Oignon primeur
Petit pois
Poireau
Pomme de terre
Radis
Roquette
Citron
Pamplemousse
Pomme

MAI

Ail
Artichaut
Asperge blanche
Asperge verte
Betterave rouge
Blette
Carotte primeur
Céleri
Chou-fleur
Cive
Concombre
Épinard
Laitue
Navet
Oignon primeur
Petit pois
Poireau primeur
Pomme de terre primeur
Radis
Roquette
Cerise
Fraise
Pamplemousse
Rhubarbe

JUIN

Ail
Artichaut
Asperge blanche
Asperge verte
Aubergine
Betterave rouge
Blette
Brocoli
Carotte primeur
Céleri
Cive
Concombre
Courgette
Épinard
Fenouil
Haricot mange-tout
Haricot vert
Laitue
Navet
Oignon primeur
Petit pois
Poireau primeur
Poivron
Pomme de terre primeur
Radis
Tomate
Abricot
Cassis
Cerise
Citron
Fraise
Framboise
Groseille

Melon
Pamplemousse
Pastèque
Pêche
Pomme
Prune
Rhubarbe

JUILLET

Ail
Artichaut
Asperge
Aubergine
Betterave
Brocoli
Carotte
Céleri
Cive
Concombre
Courgette
Épinard
Fenouil
Haricot
Laitue
Maïs
Oignon primeur
Petit pois
Poireau primeur
Poivron
Pomme de terre
primeur
Radis
Tomate
Abricot
Cassis
Cerise
Figue
Fraise
Framboise
Groseille
Melon
Myrtille
Nectarine
Pastèque
Pêche
Poire
Prune
Rhubarbe

AOÛT

Ail
Artichaut
Aubergine
Betterave
Blette
Brocoli
Carotte de saison
Céleri
Cive
Concombre
Courgette
Épinard
Fenouil
Haricot
Laitue
Maïs
Oignon primeur
Poireau primeur
Poivron
Pomme de terre
primeur
Radis
Tomate
Abricot
Cassis
Figue
Fraise
Framboise
Groseille
Melon
Mirabelle
Mûre
Myrtille
Nectarine
Noisette
Pastèque
Pêche
Poire
Pomme
Prune
Raisin

SEPTEMBRE

Ail
Artichaut
Aubergine
Betterave
Blette
Brocoli
Carotte de saison
Céleri
Cive
Chou blanc
Chou de Bruxelles
Chou-fleur
Concombre
Courgette
Cresson
Épinard
Fenouil
Haricot
Laitue
Maïs
Oignon de garde
Panais
Poireau
Poivron
Potiron
Pomme de terre
Radis
Tomate

Coing
Figue
Melon
Mirabelle
Mûre
Myrtille
Noisette
Noix
Pastèque
Pêche
Poire
Pomme
Prune
Raisin

OCTOBRE

Ail
Betterave
Brocoli
Carotte de garde
Céleri
Chicorée
Chou blanc
Chou de Bruxelles
Chou-fleur
Concombre
Courge
Cresson
Endive
Épinard
Fenouil
Frisée
Laitue
Mâche
Maïs
Navet
Oignon
Poireau
Pomme de terre
Potiron
Roquette
Châtaigne
Citron
Coing
Figue
Framboise
Myrtille
Noisette
Noix
Poire
Pomme
Raisin

NOVEMBRE

Ail
Betterave
Carotte de garde
Céleri
Chicorée
Chou blanc
Chou de Bruxelles
Chou-fleur
Citrouille
Courge
Cresson
Crosne
Endive
Épinard
Fenouil
Frisée
Laitue
Mâche
Navet
Oignon de garde
Panais
Poireau
Pomme de terre
Potiron
Radis
Roquette
Salsifis
Topinambour
Châtaigne
Citron
Clémentine
Coing
Kiwi
Mandarine
Orange
Poire
Pomme

DÉCEMBRE

Ail
Betterave
Carotte de garde
Céleri
Chicorée
Chou de Bruxelles
Courge
Cresson
Endive
Épinard
Mâche
Navet
Oignon de garde
Poireau
Pomme de terre
Potiron
Roquette
Salsifis
Topinambour
Châtaigne
Citron
Clémentine
Kiwi
Mandarine
Orange
Poire
Pomme

CONSEILS ZÉRO DÉCHET

LE ZÉRO DÉCHET

• Si possible, privilégiez l'achat de produits en vrac en magasin spécialisé ou en grande surface. Cela permet d'éviter le surplus d'emballage et d'acheter la quantité nécessaire afin de ne pas gaspiller.

• Lors des courses, pensez à rapporter vos propres contenants, boîtes et sacs à vrac afin d'éviter au plus les emballages en plastique. Si vous ne pouvez pas acheter en vrac, privilégiez les emballages en carton ou bien ceux en verre, recyclables à l'infini ! Attention, certains emballages en carton cachent parfois du plastique, pensez à vérifier.

• Pour lutter contre le gaspillage alimentaire, vous pouvez établir votre planning des repas de la semaine avant de faire votre liste des courses. Cela évitera d'acheter des produits qui ne pourront pas être consommés à temps.

• Les produits avec la mention « date limite d'utilisation optimale » (DLUO) ou bien « à consommer de préférence avant le ... » peuvent être mangés bien après la date indiquée sans risque pour le consommateur. Il faut les différencier des produits avec une « date limite de consommation » (DLC) qui, elle, doit être respectée. Cependant, certains produits à DLC, tels que les yaourts par exemple, peuvent aussi être consommés quelques jours après leur date de péremption.

• Vous pouvez utiliser les fanes et les épluchures dans de nouvelles recettes anti-gaspi (chips, bouillon, bisque, sauce, etc.) ou pour alimenter votre compost de cuisine. Les parts non comestibles de certains aliments peuvent aussi être utiles à la fabrication de produits ménagers ou encore de cosmétiques faits maison !

• Si vous emportez vos plats en vue d'un pique-nique ou d'un dîner à l'extérieur, pensez à remplacer la vaisselle jetable par une réutilisable (assiettes, serviettes en tissus et gobelets ecocup).

• Faire ses conserves et bocaux est un autre bon moyen de ne plus jeter. Il existe de nombreux tutoriels expliquant comment les réaliser soi-même. Ils permettent de conserver un surplus d'ingrédients pendant plus d'un an.

ET ÉCORESPONSABLES

LES INGRÉDIENTS

• Lors de vos courses, privilégiez au mieux les producteurs locaux ou français. Cela permet d'éviter la pollution liée au transport des marchandises et de soutenir l'agriculture française. Les circuits courts se développent de plus en plus et il est aujourd'hui possible d'acheter directement aux producteurs, à la ferme ou via des AMAP (http://www.reseau-amap.org/).

• Si vous le pouvez, préférez les produits bio. Sinon, privilégiez au mieux le bio sur les fruits et légumes dont vous consommez la peau tels que les tomates, les fraises ou encore les pommes.

• Il existe différents labels biologiques : Label Agriculture Biologique, Label Biologique Européen, Demeter ou encore Bio Cohérence. Chaque label possède ses spécificités et ses avantages. Vous pouvez vous renseigner sur internet afin d'apprendre à les reconnaître.

• Limitez au possible votre consommation d'ingrédients exotiques. Si vous achetez un aliment ou une épice qui vient de loin, réfléchissez à comment vous pourriez l'intégrer dans vos recettes au quotidien afin de ne pas gaspiller un produit précieux en l'oubliant au fond du placard.

• Consommez des fruits et légumes de saison. Il existe également une saisonnalité pour la viande et le poisson. N'hésitez pas à vous renseigner sur internet ou auprès de votre boucher et de votre poissonnier. Pour le poisson, il est aussi préférable d'éviter les espèces les plus menacées par la pêche intensive.

• Pour les œufs, il existe différentes catégories : vous pouvez repérer les codes allant de 0 à 3 sur les boîtes d'œufs. Le code 0 indique que les œufs sont issus d'un élevage de poule en plein air en mode biologique. Il s'agit du mode d'élevage à privilégier au mieux car c'est le plus respectueux pour les animaux et le seul pour lequel l'alimentation des poules est contrôlée. Au contraire, le code 3 est à éviter au maximum puisqu'il indique un élevage intensif et en batteries dans de très mauvaises conditions.

LE MATÉRIEL DE BASE

• Pour vos ustensiles de cuisine, il est préférable de choisir des revêtements en fonte naturelle, plus résistants et non toxiques. Il est également conseillé de privilégier les ustensiles en acier inoxydable et durable. Dans ce cas, n'oubliez pas de culotter vos poêles pour qu'elles n'attachent pas. De plus, évitez au maximum les matières qui peuvent s'avérer toxiques pour l'organisme telles que l'aluminium, le téflon ou encore le cuivre. Privilégiez la qualité de votre matériel de cuisine à la quantité.

• Pour nettoyer votre matériel, misez sur les produits ménagers naturels faits maison ! En plus d'être simples à réaliser, ces produits d'entretien sont économiques et très souvent multi-usages.

• Vous pouvez aussi pratiquer l'upcycling en réutilisant les vêtements que vous ne portez plus pour réaliser de nouvelles créations en tissus, qui vous seront utiles pour l'entretien de vos ustensiles de cuisine. Vous pourrez ainsi faire vos propres essuie-tout ou encore des éponges tawashi. En plus d'être totalement personnalisables en fonction de vos goûts et des tissus que vous avez sous la main, ce sont des produits lavables et réutilisables.

L'ÉNERGIE

• Pour faire des économies d'énergie, évitez de préchauffer votre four trop en avance. Lorsque vous utilisez votre four, vous pouvez en profiter pour faire cuire plusieurs recettes en simultanée ou encore pour faire décongeler ou réchauffer un autre plat.

• Vous pouvez économiser de l'eau en réutilisant l'eau de rinçage ou en faisant la vaisselle avec un bac pré-rempli. Vous pouvez également investir dans un aérateur d'eau pour faire des économies !

DES SALADES GREEN !

UN PIQUE-NIQUE ZÉRO DÉCHET :

Si vous réalisez une recette de salade pour l'emmener à un pique-nique ou un repas en extérieur, évitez au possible les emballages en plastique. Vous pouvez remplacer la vaisselle jetable par une réutilisable, pensez notamment aux assiettes, serviettes en tissus, verres et gobelets écocup. Pour transporter vos recettes, privilégiez également les contenants réutilisables comme les tupperwares en verre par exemple. Si vous transportez d'autres recettes en supplément de vos salades (cakes, biscuits etc.), pensez aux emballages réutilisables tels que les Bee Wraps qui peuvent se substituer aux traditionnels papier aluminium ou film alimentaire en plastique. Pensez également à emporter des sacs poubelle afin de ne rien laisser dans la nature !

AU MARCHÉ, PENSEZ LOCAL :

Si vous faites vos courses au marché, privilégiez les stands des producteurs locaux. Ils seront les mieux placés pour vous conseiller. Ils pourront aussi vous faire découvrir des nouveaux produits et vous donner les meilleures astuces pour les cuisiner au mieux. Si votre salade comporte de la viande, du poisson ou du fromage, le marché est le lieu idéal pour les acheter à la coupe. Cela évitera le surplus et le gaspillage alimentaire récurent lorsqu'on achète les ingrédients vendus sous-vides au supermarché.

SALADES POUR 1

SALADE DE BŒUF
AU SÉSAME ET À LA ROQUETTE

Pour 1 personne
Préparation : 15 min
Cuisson : 4 à 6 min

125 g de rumsteak
1 ciboule
1 grosse poignée de roquette
1 cuillerée à soupe d'huile

Sauce :
⅓ de cuillerée à café de gingembre frais râpé
1,5 cuillerée à café de graines de sésame grillées
¼ de cuillerée à café de sambal
4,5 cuillerées à café de sauce soja
4,5 cuillerées à café de jus de citron vert
⅓ de cuillerée à café de sucre
⅓ de cuillerée à café d'huile de sésame grillé

1. Sortez la viande du réfrigérateur 30 minutes à l'avance.

2. Faites chauffer une poêle antiadhésive à sec, à feu vif. Badigeonnez les rumsteaks d'huile et déposez-les dans la poêle bien chaude. Faites-les griller 2 à 3 minutes par face, selon leur épaisseur. Déposez-les sur une planche et laissez tiédir.

3. Pendant ce temps, mélangez tous les ingrédients de la sauce dans un grand bol.

4. Émincez finement la ciboule, dans la longueur, de manière à obtenir de longs brins. Répartissez-les dans l'assiette avec la roquette.

5. Coupez la viande en tranches, disposez-les sur la salade et arrosez d'un peu de sauce. Servez aussitôt, avec le reste de la sauce à part.

SALADE AU CHÈVRE CENDRÉ, BETTERAVES, DATTES ET NOIX

Pour 1 personne • Préparation : 15 min

50 g de chèvre frais cendré • ½ betterave cuite (sous vide) • 2 grosses dattes Medjoul • 15 g de cerneaux de noix • 1 grosse poignée de mesclun • 1,5 c. à café de miel liquide • ¼ de c. à café de moutarde à l'ancienne • 1,5 c. à café de vinaigre de cidre • 3,5 c. à café d'huile d'olive • Sel et poivre

1. Versez le vinaigre et le miel dans un bol. Fouettez jusqu'à parfaite dissolution. Salez et poivrez, puis ajoutez l'huile et la moutarde ; fouettez à nouveau.

2. Coupez le chèvre en tranches et la betterave en dés. Concassez les noix. Dénoyautez les dattes et coupez-les en morceaux.

3. Répartissez le mesclun dans l'assiette, ajoutez le reste des ingrédients et arrosez d'un peu de vinaigrette. Servez aussitôt.

SALADE DE FRAISES, AVOCAT ET FROMAGE FRAIS

Pour 1 personne • Préparation : 10 min

100 g de fraises • 1 pot de Boursin Salade & Apéritif® aux noisettes • 3 noix • ½ avocat • 1 grosse poignée de mâche nettoyée • quelques cerneaux de noix • 1 à 2 c. à soupe de vinaigre balsamique • 3 c. à soupe d'huile d'olive • Sel et poivre

1. Versez le vinaigre dans un petit pot à confiture, salez et poivrez puis ajoutez l'huile. Fermez et secouez bien.

2. Coupez les fraises en morceaux. Pelez le demi-avocat et taillez-le en lamelles. Concassez les noix.

3. Répartissez tous les ingrédients – y compris la mâche – dans l'assiette et servez aussitôt, en entrée ou comme plat, avec la vinaigrette à part.

ASTUCE

Si vous préparez cette salade à l'avance (pour un pique-nique ou pour emporter au bureau), citronnez les lamelles d'avocat pour qu'elles gardent leur jolie couleur.

SALADE ARCHIPEL

Pour 1 personne
Préparation : 20 min
Cuisson : 10 min
Marinade : 12 h

100 g de filets de daurade ou de thon blanc extra-frais
1 œuf
¼ concombre
1 tomate
½ carotte
1 citron vert
3 ciboules
5 cl de lait de coco
Sel et poivre

1. Émincez le poisson en fines lamelles, arrosez-les du jus d'un demi-citron vert, couvrez et laissez mariner 12 heures au réfrigérateur.

2. Déposez l'œuf dans une casserole d'eau froide, portez à ébullition et comptez 9 minutes de cuisson, puis plongez-le dans l'eau froide.

3. Faites égoutter le poisson dans une passoire.

4. Pressez le jus du demi-citron restant. Ajoutez le lait de coco, salez et poivrez.

5. Coupez le quart de concombre en deux dans la longueur, épépinez-le et émincez-le. Coupez la tomate en deux horizontalement, puis coupez-la en dés. Râpez la carotte et émincez les ciboules.

6. Mélangez les crudités, répartissez-les dans l'assiette. Ajoutez le poisson. Arrosez de sauce et parsemez d'œuf dur écrasé à la fourchette.

7. Servez frais, avec le reste de la sauce à part.

SALADE AU CHÈVRE GRATINÉ
ET À L'AVOCAT

Pour 1 personne
Préparation : 10 min
Cuisson : 5 min

100 g de tomates prunes ou cerises
1 crottin de Chavignol
4 tranches de baguette
½ avocat
¼ d'oignon rouge
Quelques feuilles de romaine
Herbes de Provence ou thym
1,5 cuillerée à soupe de jus de citron
2 cuillerées à soupe d'huile d'olive
Sel et poivre

1. Hachez l'oignon rouge, coupez les tomates en deux et taillez la chair du demi-avocat en dés. Ajoutez-leur le jus de citron, du sel et 2 cuillerées à soupe d'huile d'olive ; mélangez bien. Répartissez dans l'assiette.

2. Préchauffez le gril du four.

3. Lavez les feuilles de romaine et hachez-les ; ajoutez-les dans l'assiette.

4. Taillez le crottin en 4 rondelles et déposez-les sur les tranches de baguette. Badigeonnez-les d'un peu d'huile d'olive et parsemez d'herbes de Provence. Déposez-les sur la plaque du four tapissée de papier d'aluminium et faites dorer rapidement sous le gril.

5. Ajoutez les croûtons au chèvre sur l'assiette et servez aussitôt.

SALADE DE POULET
TEX MEX

Pour 1 personne
Préparation : 10 min
Cuisson : 10 min

1 filet de poulet
2 tranches fines de lard
½ avocat
½ pamplemousse rose
4 cœurs de Little Gem
½ piment rouge
1 cuillerée à café d'épices à tacos (en sachet)
1 yaourt nature bulgare (125 g)
2 cuillerées à soupe de jus de citron vert
1,5 cuillerée à soupe d'huile d'olive
Sel et poivre

1. Mélangez les épices à tacos avec une demi-cuillerée à soupe d'huile d'olive ; badigeonnez le filet de poulet avec ce mélange et faites-le dorer une dizaine de minutes à feu modéré, sur les deux faces.

2. Pendant ce temps, faites dorer les tranches de lard à feu modéré dans une autre poêle, sans matière grasse.

3. Passez un quart d'avocat au mixeur avec le jus de citron vert, le demi-piment haché, le yaourt et 1 cuillerée à soupe d'huile. Rectifiez l'assaisonnement.

4. Pelez le demi-pamplemousse à vif et prélevez les segments. Coupez les Little Gem en quartiers et l'avocat en lamelles. Répartissez le tout dans l'assiette.

5. Coupez le filet de poulet en tranches, déposez-les dans l'assiette, ajoutez le lard épongé sur du papier absorbant et servez aussitôt, avec la sauce à part.

SALADE DE CONCOMBRE, MANGUE ET CRABE

Pour 1 personne • Préparation : 15 min • Réfrigération : 30 min

1 petit concombre libanais (env. 100 g) • ½ mangue à point • 1 boîte de crabe (120 g, poids égoutté) • 5 cuillerées à soupe de jus de citron vert • 1 cuillerée à soupe de fish sauce • 1 cuillerée à soupe de sucre de canne roux • Quelques feuilles de menthe • Quelques feuilles de coriandre • Sel et poivre

1. Mélangez le jus de citron vert, la fish sauce et le sucre dans un saladier. Ajoutez la demi-mangue et le concombre émincé en fines tranches, ainsi que la menthe et la coriandre hachées. Mélangez et rectifiez l'assaisonnement.

2. Couvrez et laissez reposer 30 minutes au frigo.

3. Ajoutez le crabe bien égoutté et servez frais, en entrée ou comme petit plat.

SALADE DE POULET
À L'ORANGE

Pour 1 personne • Préparation : 20 min

100 à 150 g de poulet cuit (reste de poulet rôti ou filets fumés) • 1 petite orange • 25 g de mesclun • 1 ciboule • 15 g de pistaches décortiquées • 1 pincée de sumac • 1,5 cuillerée à soupe de vinaigre de vin • 2,5 cuillerées à soupe de crème fraîche • 2,5 cuillerées à soupe d'huile d'olive • Sel et poivre

1. Pelez l'orange à vif et prélevez-en les segments. Recueillez le jus qui s'écoule durant cette opération et versez-le dans un pot à confiture. Ajoutez la crème fraîche, l'huile, le vinaigre, le sumac, du sel, du poivre et la ciboule hachée. Refermez le pot à confiture et secouez bien.

2. Versez la vinaigrette sur le poulet émincé et laissez reposer.

3. Pendant ce temps, faites griller les pistaches à sec, dans une poêle anti-adhésive. Hachez-les grossièrement.

4. Dans un grand saladier, mélangez les feuilles de salade, les pistaches, les segments d'orange et le poulet égoutté.

5. Servez bien frais, avec la vinaigrette restante à part.

ASTUCE

Le sumac est une épice au goût légèrement acidulé. Vous en trouverez notamment dans les épiceries orientales.

SALADE
AUX LARDONS ET AUX POMMES DE TERRE

Pour 1 personne
Préparation : 10 min
Cuisson : 10 min

100 g de lardons fumés
150 g de petites pommes de terre (type grenailles)
1 poignée de mesclun
¼ de cuillerée à soupe de moutarde à l'ancienne
1 cuillerée à soupe de vinaigre de vin
2 cuillerées à soupe d'huile d'olive
Sel et poivre

1. Faites cuire les pommes de terre en robe des champs selon la méthode de votre choix (au micro-ondes, à l'eau ou à la vapeur).

2. Pendant ce temps, faites rissoler les lardons sans matière grasse dans une poêle anti-adhésive ; débutez la cuisson à feu doux et augmentez la flamme quand le gras commence à fondre.

3. Pendant ce temps, versez le vinaigre dans un pot à confiture. Salez, poivrez, ajoutez la moutarde et l'huile. Fermez et secouez énergiquement.

4. Coupez les pommes de terre en deux, ajoutez les lardons, arrosez d'un peu de vinaigrette et mélangez.

5. Répartissez dans l'assiette, ajoutez la salade et dégustez aussitôt, avec le reste de la vinaigrette à part.

TABOULÉ AUX FIGUES
ET À LA FETA

Pour 1 personne
Préparation : 15 min
Réfrigération : 1 h

1 grosse figue
35 g de feta
30 g de couscous
½ tomate
½ ciboule
¼ de citron
3 olives noires dénoyautées
1 brin de persil plat
1 brin de menthe
1,5 cuillerée à soupe d'huile d'olive
Sel et poivre

1. Versez le couscous dans un saladier et arrosez-le de 6 cl d'eau bouillante salée ; laissez gonfler.

2. Pendant ce temps, épépinez la tomate et taillez-la en petits dés. Émincez la demi-ciboule (le blanc et deux tiers du vert), hachez les herbes, coupez les olives en rondelles, la feta en dés et la figue en huit.

3. Versez l'huile sur le couscous et mélangez à la fourchette pour bien détacher les grains. Ajoutez du jus de citron selon vos goûts, puis tous les ingrédients préparés. Mélangez bien et rectifiez l'assaisonnement.

4. Couvrez et laissez reposer au moins 1 heure au réfrigérateur pour que tous les parfums s'imprègnent bien.

5. Servez bien frais.

SALADE AUX POIRES,
LARDONS, HALLOUMI ET NOIX

Pour 1 personne
Préparation : 10 min
Cuisson : 10 min

50 g de lardons fumés
60 g d'halloumi
½ poire
15 g de cerneaux de noix
1 poignée de feuilles de laitue nettoyées
½ cuillerée à café de moutarde
4 cuillerées à soupe de jus de citron + 2 cuillerées à soupe
8 cl d'huile d'olive
Sel et poivre

1. Versez le jus de citron dans un pot à confiture, salez, poivrez, puis ajoutez l'huile et la moutarde. Fermez et secouez énergiquement.

2. Coupez la demi-poire en lamelles et citronnez-les. Répartissez-les dans l'assiette, en même temps que la laitue et les cerneaux de noix.

3. Faites rissoler les lardons dans une poêle anti-adhésive, sans matière grasse. Débutez la cuisson à feu doux, puis augmentez la flamme quand le gras commence à fondre. Retirez-les avec une écumoire et faites griller à leur place le fromage taillé en tranches pas trop fines.

4. Répartissez les lardons et le fromage dans l'assiette et servez aussitôt, avec la vinaigrette à part. Accompagnez de pain croustillant.

SALADE
POMMES DE TERRE-CHORIZO GRILLÉ

Pour 1 personne
Préparation : 15 min
Cuisson : 15 min

50 g de chorizo doux ou fort
125 g de pommes de terre à chair ferme
¼ de poivron rouge + ¼ de poivron jaune
1 poignée de jeunes pousses d'épinards
1 pincée de paprika doux
1 cuillerée à soupe de vinaigre de xérès
2 cuillerées à soupe d'huile d'olive
Sel et poivre

1. Faites cuire les pommes de terre en robe des champs selon la méthode de votre choix (au micro-ondes, à la vapeur ou à l'eau).

2. Versez le vinaigre dans un récipient hermétique (pot à confiture ou autre), salez, poivrez, puis ajoutez l'huile et le paprika. Fermez et secouez énergiquement. Versez la moitié de cette vinaigrette sur les pommes de terre chaudes, coupées en rondelles ; laissez tiédir.

3. Pendant ce temps, épépinez les poivrons et coupez-les en lamelles plutôt larges. Plongez-les dans une casserole d'eau bouillante et comptez 3 minutes de cuisson à la reprise de l'ébullition. Égouttez-les.

4. Coupez le chorizo en rondelles, de biais. Faites-les griller à feu vif, sans matière grasse, dans une poêle-gril (ou anti-adhésive). Retirez-les et faites griller à leur place les lamelles de poivrons.

5. Répartissez les pousses d'épinards dans l'assiette, ajoutez les pommes de terre, les poivrons et le chorizo. Servez aussitôt, avec le reste de la vinaigrette à part.

SALADE DE PENNE
AU SAUMON FUMÉ

Pour 1 personne • Préparation : 10 min • Cuisson : 8 min • Réfrigération : 1 h

50 g de saumon fumé • 60 g de penne • 60 g de tomates cerises • ½ avocat à point • ½ citron vert • ¼ de petit oignon rouge • 1 poignée de roquette nettoyée • Tabasco® • 4 c. à café d'huile d'olive • Sel et poivre

1. Faites cuire les penne *al dente* et rincez-les longuement à l'eau froide.

2. Pendant ce temps, pressez le jus du demi-citron vert dans un saladier et versez-y le demi-avocat coupé en petites lamelles ; mélangez bien. Ajoutez l'huile, du sel, du poivre et du Tabasco®.

3. Coupez les tomates cerises en deux et émincez finement l'oignon rouge. Coupez le saumon en petites lamelles. Mettez le tout dans le saladier, ainsi que les penne égouttés. Mélangez bien et rectifiez l'assaisonnement. Couvrez et laissez reposer environ 1 heure au réfrigérateur.

4. Au moment de servir, ajoutez la roquette grossièrement hachée et mélangez bien.

SALADE AUX POIRES
ET À LA FOURME D'AMBERT

Pour 1 personne • Préparation : 10 min

½ poire • 50 g de fourme d'Ambert • 25 g de mâche • 1 c. à soupe de noisettes • ½ c. à café de moutarde à l'ancienne • ½ c. à soupe de miel • ½ c. à soupe de vinaigre de cidre • 2 c. à soupe d'huile d'olive • Sel et poivre

1. Versez le miel, le vinaigre, du sel et du poivre dans un pot à confiture. Mélangez jusqu'à parfaite dissolution du miel, puis ajoutez la moutarde et l'huile. Refermez et secouez bien.

2. Répartissez la mâche dans l'assiette, ajoutez le fromage coupé en dés et les noisettes concassées.

3. Pelez la demi-poire et coupez-la en tranches. Ajoutez-les dans l'assiette et servez aussitôt, avec la vinaigrette à part. Accompagnez de pain croustillant.

ASTUCE

Si vous les préparez à l'avance, citronnez les poires pour éviter qu'elles ne noircissent.

SALADE DE TRUITE FUMÉE
AUX RADIS ET AUX CROÛTONS

Pour 1 personne
Préparation : 15 min
Cuisson : 5 min

175 g de truite fumée
½ botte de radis
½ petit sachet de salade nettoyée au choix
¼ de botte de ciboule
½ gousse d'ail
1 tranche de pain ou ½ grande tranche de pain de campagne, de préférence rassis
½ cuillerée à café de moutarde à l'ancienne
2 cuillerées à soupe de vinaigre de vin
Huile d'olive
Sel et poivre

1. Coupez le pain en carrés. Si vous n'avez pas de pain rassis, faites-le sécher un peu au grille-pain.

2. Faites revenir la demi-gousse d'ail 2 minutes à feu très doux dans une poêle contenant 1 cuillerée à soupe d'huile. Retirez l'ail et faites dorer à sa place les carrés de pain, sur les deux faces. Réservez.

3. Versez le vinaigre dans un pot à confiture, salez, poivrez, ajoutez la moutarde et 2 cuillerées à soupe d'huile. Fermez et secouez énergiquement.

4. Émincez les ciboules et coupez les radis en quartiers. Répartissez-les dans l'assiette, de même que la salade, la truite fumée un peu émiettée et les croûtons.

5. Servez frais, en entrée ou en guise de repas léger, avec la vinaigrette à part.

SALADE DE POULET
AUX NECTARINES ET AU CURRY

Pour 1 personne
Préparation : 10 min
Cuisson : 15 min

1 filet de poulet
1 petite nectarine
¼ de concombre
Salade au choix
1 cuillerée à soupe de petits raisins secs
1 yaourt nature bulgare (125 g)
1 cuillerée à soupe de menthe ou de coriandre hachée
2 cuillerées à soupe de sauce au curry
1 cuillerée à soupe d'huile d'olive
Sel et poivre

1. Déposez le filet de poulet dans une poêle contenant l'huile et faites-le dorer à feu modéré sur les deux faces. Couvrez et poursuivez la cuisson une dizaine de minutes à feu doux. Salez et poivrez en fin de cuisson.

2. Pendant ce temps, mélangez le yaourt avec la sauce au curry, du sel, du poivre, ainsi que la menthe ou la coriandre.

3. Coupez la nectarine en dés et le concombre en rondelles.

4. Répartissez la salade dans l'assiette, ainsi que les dés de nectarine et le concombre. Coupez le filet de poulet en fines tranches et ajoutez-les dans l'assiette. Parsemez de raisins secs et servez, avec la sauce à part.

SALADE D'ÉPINARDS
AU MELON ET AU GORGONZOLA

Pour 1 personne
Préparation : 15 min

¼ de melon charentais
100 g de gorgonzola
50 g de jeunes pousses d'épinards
1 cuillerée à soupe de pignons de pin
1 petite poignée de petites feuilles de basilic
1,5 cuillerée à soupe de vinaigre balsamique
2,5 cuillerées à soupe d'huile d'olive
Sel et poivre

1. Faites griller les pignons de pin à sec, dans une poêle anti-adhésive.

2. Répartissez les pousses d'épinards dans une grande assiette.

3. Épépinez le melon, pelez-le et coupez-le en lamelles avant de les ajouter dans l'assiette.

4. Coupez le gorgonzola en dés et répartissez-les sur la salade. Parsemez de pignons de pin grillés.

5. Versez le vinaigre dans un pot à confiture, salez, poivrez, puis ajoutez l'huile. Refermez et secouez énergiquement.

6. Arrosez l'assiette d'un peu de vinaigrette, ajoutez le basilic et servez aussitôt, avec le reste de la vinaigrette à part.

SALADE DE POIS CHICHES
À LA GRECQUE

Pour 1 personne
Préparation : 15 min
Réfrigération : 1 h

¼ de boîte de pois chiches (60 g, poids égoutté)
50 g de feta
¼ de concombre (ou ½ concombre libanais)
1 ou 2 tomates (selon leur grosseur)
2 grandes feuilles de menthe
1 cuillerée à soupe de jus de citron
1 cuillerée à soupe d'huile d'olive
Sel et poivre

1. Égouttez les pois chiches, rincez-les abondamment à l'eau froide et égouttez-les à nouveau. Versez-les dans un saladier.

2. Coupez la tomate en deux horizontalement, épépinez-la et coupez-la en dés. Coupez le morceau de concombre en deux dans la longueur, épépinez-le et coupez-le en tranches (ou en petits dés). Ciselez les feuilles de menthe. Versez le tout dans l'assiette.

3. Taillez la feta en petits dés et ajoutez-les aux légumes.

4. Arrosez avec le jus de citron et l'huile ; mélangez bien et rectifiez l'assaisonnement.

5. Laissez reposer 1 heure au réfrigérateur avant de servir, accompagné de pain pita grillé.

ASTUCE

Vous pouvez donner une touche plus orientale à cette salade en ajoutant un peu de sumac.

SALADE RUSSE
AUX PÂTES

Pour 1 personne
Préparation : 15 min
Cuisson : 8 min
Réfrigération : 30 min

40 g de thon à l'huile (poids égoutté)
40 g de crevettes roses décortiquées
1 à 2 œufs durs
60 g de mini-farfalle
60 g de petits pois-carottes (poids égoutté)
¼ de poivron rouge en bocal (environ 25 g, poids égoutté)
25 g d'olives vertes dénoyautées
25 g de mayonnaise
½ cuillerée à soupe de jus de citron
Sel et poivre

1. Faites cuire les pâtes à l'eau bouillante salée en respectant le temps de cuisson indiqué sur l'emballage pour qu'elles soient *al dente*.

2. Pendant ce temps, égouttez et rincez les petits pois-carottes ; coupez ces dernières en rondelles. Versez le tout dans un saladier.

3. Ajoutez les crevettes, le poivron coupé en dés, le thon égoutté et émietté (conservez l'huile) et les olives coupées en rondelles.

4. Quand les pâtes sont cuites, égouttez-les, rincez-les longuement à l'eau froide et égouttez-les bien. Versez-les dans le saladier.

5. Mélangez la mayonnaise, une demi-cuillerée à soupe d'huile de la boîte de thon, le jus de citron et une demi-cuillerée à soupe d'eau ; rectifiez l'assaisonnement. Versez la sauce dans l'assiette. Mélangez, couvrez et laissez reposer au moins 30 minutes au réfrigérateur avant de servir. Servez frais, décoré de quartiers d'œufs durs.

SALADE DE PÂTES
AU SAUMON FUMÉ

Pour 1 personne
Préparation : 15 min
Cuisson : 8 min
Réfrigération : 30 min

50 g de saumon fumé
50 g de conchigliette
¼ de gros avocat Hass à point (à peau noire et grainée)
¼ de grosse pomme verte
¼ de gros citron
1 cuillerée à soupe de yaourt bulgare
½ cuillerée à soupe d'aneth ciselé
1 cuillerée à soupe d'huile d'olive
Sel et poivre

1. Faites cuire les pâtes à l'eau bouillante salée en respectant le temps de cuisson indiqué sur l'emballage pour qu'elles soient *al dente.*

2. Pendant ce temps, pressez un peu de jus de citron dans un saladier. Taillez le quart de pomme non épluché en petits dés ; mettez-les au fur et à mesure dans le jus de citron et mélangez bien.

3. Coupez la chair de l'avocat en petits dés et mélangez-les soigneusement avec les dés de pomme au jus de citron.

4. Quand les pâtes sont cuites, égouttez-les, rincez-les longuement à l'eau froide et égouttez-les bien.

5. Mélangez le yaourt, l'huile, le jus de citron restant, l'aneth, du sel et du poivre.

6. Versez les pâtes dans le saladier, ajoutez le saumon coupé en lamelles et la sauce. Mélangez bien et rectifiez l'assaisonnement.

7. Couvrez et laissez reposer au moins 30 minutes au réfrigérateur avant de servir.

TAGLIATTA DE BŒUF
À LA ROQUETTE

Pour 1 personne
Préparation : 10 min
Cuisson : 4 min

1 châteaubriand
(environ 150 g)
25 g de roquette
1 cuillerée à soupe
de pignons de pin
1 petit bloc de parmesan
(environ 20 g)
Vinaigre balsamique
Huile d'olive
Sel et poivre

1. Sortez la viande du réfrigérateur 30 minutes à l'avance : c'est très important !

2. Faites griller les pignons de pin à sec, dans une poêle anti-adhésive.

3. Taillez le parmesan en copeaux (avec un éplucheur, c'est plus facile).

4. Lavez la roquette et essorez-la dans une essoreuse à salade. Répartissez-la dans l'assiette.

5. Faites chauffer une poêle-gril à feu vif, à sec. Badigeonnez le châteaubriand d'huile d'olive. Quand la poêle est bien chaude, faites griller le steak 2 minutes par face. Retirez la poêle du feu, couvrez et laissez reposer 2 à 3 minutes. Salez et poivrez.

6. Taillez la viande en tranches d'un demi-centimètre d'épaisseur et disposez-les sur la roquette. Parsemez de pignons et de copeaux de parmesan, arrosez d'un peu d'huile et de vinaigre. Servez aussitôt, avec du pain croustillant.

SALADE
À L'OMELETTE

Pour 1 personne
Préparation : 10 min
Cuisson : 5 min

2 œufs
Quelques poivrons grillés à l'huile ou des cœurs d'artichauts à l'huile (70 g)
25 g de mesclun
Quelques croûtons
1,5 cuillerée à soupe de lait
2,5 cuillerées à soupe de vinaigre de vin
½ cuillerée à soupe d'huile d'olive
Sel et poivre

1. Égouttez soigneusement les poivrons ou les cœurs d'artichauts et récupérez l'huile : il vous en faut 5 cl. Mélangez-la au fouet avec le vinaigre. Rectifiez l'assaisonnement.

2. Répartissez la salade dans l'assiette. Ajoutez les poivrons taillés en lamelles ou les cœurs d'artichauts coupés en deux. Parsemez de croûtons.

3. Battez les œufs en omelette avec le lait, du sel et du poivre. Versez dans une grande poêle anti-adhésive contenant l'huile bien chaude. Faites cuire une grande omelette.

4. Faites glisser l'omelette sur une planche à découper, coupez-la en lanières et disposez-les dans l'assiette.

5. Servez aussitôt, avec la vinaigrette à part.

ASTUCE
Pour une salade plus consistante encore, ajoutez de petites billes de mozzarella.

SALADE DE CREVETTES
AU CHEDDAR, SAUCE PIMENTÉE SUCRÉE

Pour 1 personne • Préparation : 10 min

75 g de crevettes roses • 100 g de cheddar • 125 g de tomates cerises • 1 grosse poignée de mesclun • 2 ou 3 ciboules • 50 g de mayonnaise • 1 c. à soupe de sauce pimentée sucrée (thaïe) • 2 c. à soupe de jus d'orange frais • Sel et poivre

1. Versez la mayonnaise, la sauce pimentée et le jus d'orange dans un pot à confiture. Fermez, secouez bien et rectifiez l'assaisonnement.

2. Coupez les tomates cerises en deux, émincez les ciboules (le blanc et trois quarts du vert) et coupez le fromage en dés.

3. Répartissez tous ces ingrédients, ainsi que le mesclun, dans l'assiette. Servez frais, en entrée ou en plat principal, avec la sauce à part.

SALADE AU CHÈVRE CENDRÉ
ET AUX MYRTILLES

Pour 1 personne • Préparation : 10 min • Cuisson : 5 min

60 g de bûche de chèvre frais cendré (type sainte-maure) • 50 g de myrtilles • 40 g de baguette fine • 1 grosse poignée de mesclun • 1,5 c. à soupe de miel • 1 petite c. à café de moutarde à l'ancienne • 1,5 c. à soupe de vinaigre de cidre • 1 noix de beurre • 4,5 c. à soupe d'huile d'olive • Sel et poivre

1. Taillez la baguette en petites tranches. Faites chauffer une grande poêle avec une demi-cuillerée à soupe d'huile et le beurre. Déposez-y les tranches de baguette, retournez-les aussitôt et faites-les dorer à feu modéré sur les deux faces.

2. Pendant ce temps, fouettez le vinaigre, du sel et le miel dans un grand bol. Ajoutez la moutarde, 4 cuillerées à soupe d'huile et du poivre. Fouettez bien.

3. Répartissez la salade, les myrtilles et le chèvre coupé en tranches dans l'assiette. Ajoutez quelques croûtons de baguette et servez, avec la vinaigrette et le reste des croûtons à part.

SALADE AUX CHAMPIGNONS
FARCIS AU PESTO DE ROQUETTE

Pour 1 personne
Préparation : 20 min

60 g de champignons de Paris, pas trop gros
4 tomates semi-séchées à l'huile
1 grosse poignée de salade nettoyée, au choix
¼ de sachet de roquette nettoyée (15 g)
4 olives noires dénoyautées
25 g de parmesan
10 g de pignons de pin
¼ de cuillerée à café de moutarde
1 cuillerée à soupe de vinaigre de xérès
2,5 cuillerées à soupe d'huile d'olive
Sel et poivre

1. Râpez un peu de parmesan et taillez le reste en copeaux (avec un éplucheur, c'est plus facile).

2. Faites griller légèrement les pignons de pin dans une poêle anti-adhésive, sans matière grasse.

3. Versez-les dans le bol du hachoir et ajoutez un peu de roquette, le parmesan râpé et 1 cuillerée à soupe d'huile d'olive. Salez, poivrez et faites tourner jusqu'à obtention d'un pesto plus ou moins moulu, selon vos goûts.

4. Brossez les champignons (évitez de les laver), retirez les pieds et farcissez les têtes avec le pesto.

5. Versez le vinaigre dans un petit pot à confiture, salez, poivrez, ajoutez la moutarde et 1,5 cuillerée à soupe d'huile. Refermez et secouez bien.

6. Répartissez la salade et la roquette dans l'assiette, ajoutez les tomates séchées égouttées et les olives. Ajoutez les champignons farcis et parsemez de copeaux de parmesan.

7. Servez frais, avec la vinaigrette et le reste des copeaux de parmesan à part.

SALADES
POUR 2

SALADE AUX ASPERGES VERTES
GRILLÉES AU LARD

Pour 2 personnes
Préparation : 20 min
Cuisson : 6 min

8 fines tranches de lard
8 asperges vertes
2 tomates, pas trop grosses
2 poignées de roquette
1 ciboule

Vinaigrette :
1 jaune d'œuf
2 cuillerées à soupe de câpres
1 cuillerée à café de moutarde
1 cuillerée à soupe de vinaigre de vin blanc
12 cl de crème fraîche
2 cuillerées à soupe d'huile d'olive
Sel et poivre

1. Supprimez la base dure des asperges mais ne les pelez pas. Faites-les cuire à l'eau bouillante ou à la vapeur, en les gardant un peu fermes.

2. Pendant ce temps, préchauffez le four à 210 °C (th. 7).

3. Versez tous les ingrédients de la vinaigrette dans un pot à confiture, fermez et secouez bien.

4. Répartissez la roquette, les tomates et la ciboule émincée dans 2 assiettes.

5. Quand les asperges sont cuites, rincez-les à l'eau froide et épongez-les sur du papier absorbant. Enveloppez chaque asperge dans une tranche de lard et déposez-les au fur et à mesure sur la plaque du four recouverte de papier cuisson. Faites-les dorer environ 6 minutes au four, jusqu'à ce que le lard soit croustillant (vous pouvez aussi les faire dorer à la poêle).

6. Répartissez les asperges dans les assiettes et servez aussitôt, avec la vinaigrette à part.

ASTUCE

Vous pouvez compléter cette salade avec quelques copeaux de parmesan.

SALADE DE PÂTES
AU GORGONZOLA, TOMATES ET ROQUETTE

Pour 2 personnes • Préparation : 15 min • Cuisson : 8 min

175 g de casareccia ou autres pâtes courtes • 175 g de tomates cerises ou datterino • 100 g de gorgonzola • 25 g de roquette • 20 g de pignons de pin grillés • 1 c. à soupe de miel liquide • ½ c. à café de moutarde à l'ancienne • 1 c. à soupe de vinaigre de cidre • 2,5 c. à soupe d'huile d'olive • Sel et poivre

1. Faites cuire les pâtes *al dente*, puis rincez-les longuement à l'eau froide ; laissez égoutter.

2. Pendant ce temps, versez le miel et le vinaigre dans un saladier, mélangez soigneusement au fouet, puis ajoutez du sel, du poivre, la moutarde et l'huile ; mélangez bien.

3. Coupez les tomates cerises en deux et le gorgonzola en petits dés après en avoir retiré la croûte. Mettez-les dans le saladier et ajoutez les pâtes, la roquette et les pignons de pin. Mélangez soigneusement.

4. Servez en plat principal, lors d'un buffet, d'un pique-nique ou en accompagnement de grillades.

SALADE DE PÂTES
AUX SARDINES ET AUX POIVRONS GRILLÉS

Pour 2 personnes • Préparation : 15 min • Cuisson : 8 min

1 boîte de filets de sardines à l'huile d'olive sans peau ni arêtes • 125 g de conchiglie rigate ou autres • ½ bocal de poivrons grillés à l'huile (140 g) • 25 g de raisins secs • 1 petit bouquet de basilic • Sauce : 1 jaune d'œuf • 2 c. à s. rases de câpres • 1 c. à café de moutarde • 1 c. à s. de vinaigre de vin blanc • 10 cl de crème fraîche • Sel et poivre

1. Faites cuire les pâtes *al dente*, puis rincez-les longuement à l'eau froide ; laissez égoutter.

2. Pendant ce temps, versez 1 cuillerée à soupe de l'huile du bocal de poivrons dans un pot à confiture. Ajoutez-y le jaune d'œuf, la crème, le vinaigre, la moutarde, les câpres, du sel et du poivre. Fermez et secouez bien.

3. Versez les pâtes dans un saladier, ajoutez les poivrons égouttés et coupés en morceaux, les sardines égouttées et légèrement émiettées, le basilic grossièrement haché et les raisins secs. Versez la sauce par-dessus et mélangez soigneusement.

SALADE DE POULET
ET POMMES DE TERRE À L'ORANGE

Pour 2 personnes
Préparation : 15 min
Cuisson : 15 min

1 filet de poulet (175 g)
300 g de pommes de terre grenailles
1 orange
1 petite poignée de pousses d'épinards
Quelques petits cornichons
50 g de mayonnaise
½ cuillerée à café d'origan séché
1 petite pincée de paprika
½ cuillerée à soupe d'huile d'olive
Sel et poivre

1. Faites cuire les pommes de terre en robe des champs selon la méthode de votre choix (à l'eau, à la vapeur ou au micro-ondes).

2. Pendant ce temps, entaillez quelques fois le filet de poulet pour l'aplatir et faites-le dorer à feu modéré dans une poêle contenant l'huile. Parsemez d'origan, salez et poivrez.

3. Pelez l'orange à vif, coupez-la en deux, puis en tranches. Recueillez 3 cuillerées à soupe du jus qui se sera écoulé durant ces opérations (pressez quelques tranches si nécessaire). Mélangez ce jus avec la mayonnaise et un peu de paprika.

4. Coupez les pommes de terre en quatre, émincez le poulet et hachez les cornichons. Mettez le tout dans un saladier, ajoutez les oranges et la sauce, puis mélangez bien. Rectifiez l'assaisonnement.

5. Laissez reposer au réfrigérateur jusqu'au moment de servir et ajoutez alors les pousses d'épinards.

ASTUCE

Cette salade complète est idéale pour faire un plat froid.

SALADE DE POIS CHICHES
AU CHORIZO

Pour 2 personnes
Préparation : 10 min
Cuisson : 5 min

75 g de chorizo, doux ou fort
1 boîte de pois chiches (200 g, poids net égoutté)
50 g de poivrons piquillos en conserve (poids net égoutté)
40 g d'olives vertes dénoyautées
¼ d'oignon rouge
Quelques feuilles de romaine
½ cuillerée à soupe de thym frais émietté
1 cuillerée à soupe de vinaigre de xérès
Sel et poivre

1. Égouttez les pois chiches, rincez-les abondamment à l'eau froide, égouttez bien et versez dans un saladier.

2. Ajoutez les olives (entières ou en rondelles), les poivrons égouttés et émincés, l'oignon émincé et le thym.

3. Taillez le chorizo en fines tranches et faites-les revenir, sans matière grasse, dans une poêle anti-adhésive. Retirez-les avec une écumoire quand elles sont dorées et ajoutez-les dans le saladier.

4. Versez le vinaigre dans la poêle, mélangez bien avec le gras rendu par le chorizo et versez sur la salade de pois chiches. Mélangez et rectifiez l'assaisonnement.

5. Couvrez et laissez reposer 30 minutes au réfrigérateur avant de servir, accompagné de feuilles de romaine.

SALADE DE BŒUF
À L'ITALIENNE

Pour 2 personnes
Préparation : 10 min
Cuisson : 10 min

2 petits rumsteaks (150 g/pièce)
½ boîte de filets d'anchois à l'huile
2 grosses poignées de roquette
30 g de tomates semi-séchées à l'huile (poids égoutté)
40 g de copeaux de parmesan
6 petites tranches de baguette
1 jaune d'œuf
2 cuillerées à soupe de câpres
1 cuillerée à café de moutarde
1 cuillerée à soupe de vinaigre blanc
12,5 cl de crème fraîche
Huile d'olive
Sel et poivre

1. Sortez la viande du réfrigérateur 30 minutes à l'avance.

2. Préchauffez le four à 180 °C (th. 6).

3. Badigeonnez les rumsteaks d'huile d'olive et faites-les griller 1 minute par face dans une poêle préalablement bien chauffée. Retirez-les sur une planche à découper et laissez refroidir.

4. Pendant ce temps, badigeonnez légèrement les tranches de baguette d'huile d'olive et faites-les dorer au four, sur la grille.

5. Versez 2 cuillerées à soupe d'huile d'olive dans un pot à confiture et ajoutez la crème fraîche, le jaune d'œuf, le vinaigre, la moutarde, les câpres, du sel et du poivre. Fermez et secouez énergiquement.

6. Répartissez la roquette et les tomates dans des assiettes. Ajoutez les rumsteaks coupés en tranches, les copeaux de parmesan, quelques filets d'anchois et des croûtons. Servez aussitôt, avec la sauce à part.

SALADE CHAUDE DE GIROLLES
AU BLÉ ET AU MAGRET FUMÉ

Pour 2 personnes
Préparation : 15 min
Cuisson : 15 min

½ paquet de tranches de magret de canard fumé (45 g)
150 g de girolles
100 g d'Ebly®
½ oignon, pas trop gros
25 g de noisettes grillées
2 poignées de pousses d'épinards
1 cuillerée à soupe de ciboulette ciselée
1 cube de bouillon dégraissé
½ cuillerée à soupe de vinaigre balsamique
3 cuillerées à soupe d'huile d'olive
Sel et poivre

1. Faites revenir l'oignon haché 2 minutes dans une cocotte contenant 1 cuillerée à soupe d'huile. Ajoutez l'Ebly®, mélangez et versez 45 cl d'eau. Ajoutez le cube de bouillon émietté, couvrez, portez à ébullition et laissez mijoter 10 minutes à feu très doux.

2. Pendant ce temps, nettoyez les champignons en les frottant avec un linge (ne les faites surtout pas tremper dans l'eau). Coupez-les en morceaux et faites-les revenir 5 minutes à feu modéré dans une poêle contenant 1 cuillerée à soupe huile. Ajoutez les noisettes concassées.

3. Mélangez les pousses d'épinards avec 1 cuillerée à soupe d'huile, le vinaigre balsamique et du sel. Répartissez dans 2 assiettes.

4. Ajoutez la ciboulette à l'Ebly® et rectifiez éventuellement l'assaisonnement. Répartissez dans les assiettes, ajoutez les champignons et les tranches de magret. Servez sans attendre.

SALADE DE FIGUES RÔTIES AU JAMBON ET AU BLEU

Pour 2 personnes
Préparation : 10 min
Cuisson : 10 min

4 fines tranches de jambon cru (italien ou autre)
2 grosses figues (200 g)
50 g de roquefort
50 g de mesclun
1 cuillerée à soupe de petits raisins secs
1 petite cuillerée à café de moutarde à l'ancienne
1,5 cuillerée à soupe de miel
1,5 cuillerée à soupe de vinaigre de cidre
3,5 cuillerées à soupe d'huile d'olive
Sel et poivre

1. Préchauffez le four à 180 °C (th. 6).

2. Lavez et essuyez les figues ; coupez-les en quatre. Coupez les tranches de jambon en deux, dans la longueur.

3. Enveloppez chaque quartier de figue dans une demi-tranche de jambon. Déposez-les sur la plaque du four recouverte de papier cuisson et faites-les rôtir 10 minutes au four.

4. Pendant ce temps, versez le miel et le vinaigre dans un pot à confiture, mélangez bien, salez, poivrez, puis ajoutez la moutarde et l'huile. Fermez le couvercle et secouez bien.

5. Coupez le roquefort en petits morceaux. Répartissez la salade dans 2 assiettes. Déposez-y les quartiers de figues au jambon, parsemez de roquefort et de raisins secs puis arrosez d'un peu de vinaigrette.

6. Servez aussitôt, en entrée, avec du pain. Présentez le reste de la vinaigrette à part.

SALADE AU POTIRON RÔTI
AUX FRUITS SECS ET À LA FETA

Pour 2 personnes
Préparation : 15 min
Cuisson : 20 min

200 g de chair de potiron (poids net, épluché)
100 g de feta
2 grosses poignées de mâche
2 cuillerées à soupe de raisins secs
2 cuillerées à soupe de cerneaux de noix
¼ de cuillerée à café de cumin en poudre
1 cuillerée à soupe de miel
½ cuillerée à café de moutarde
1 cuillerée à soupe de vinaigre de cidre
3 cuillerées à soupe d'huile d'olive
Sel et poivre

1. Préchauffez le four à 180 °C (th. 6).

2. Coupez le potiron en dés et mélangez-les soigneusement avec une demi-cuillerée à soupe d'huile et le cumin. Étalez-les sur la plaque du four recouverte de papier cuisson et faites-les rôtir 20 minutes au four.

3. Pendant ce temps, faites griller à sec les cerneaux de noix à la poêle.

4. Mélangez le vinaigre et le miel au fouet. Salez, poivrez, puis ajoutez la moutarde et 2,5 cuillerées à soupe d'huile. Fouettez à nouveau.

5. Taillez la feta en petits cubes. Mettez-la dans un saladier avec les raisins secs et les noix. Ajoutez le potiron, la mâche et la vinaigrette. Mélangez bien et servez sans attendre, accompagné de pain croustillant.

SALADE DE FENOUIL
AU SAUMON FUMÉ ET À L'ORANGE

Pour 2 personnes • Préparation : 10 min • Réfrigération : 30 min

150 g de saumon fumé • 1 petit fenouil (environ 250 g) • 1 orange • 3 cuillerées à soupe d'huile d'olive • Sel et poivre

1. Pressez le jus de la moitié de l'orange dans un grand plat. Salez, poivrez et ajoutez l'huile ; mélangez bien.

2. Réservez le feuillage du fenouil, supprimez les tiges et taillez le bulbe en tranches extrafines, avec une mandoline. Mettez-les dans le plat et mélangez bien.

3. Pelez à vif la demi-orange restante. Coupez-la en deux verticalement, puis en tranches. Déposez-les sur le fenouil et arrosez avec le jus écoulé durant la découpe. Couvrez et laissez reposer 30 minutes au réfrigérateur.

4. Mélangez délicatement et servez frais, avec le saumon fumé. Décorez avec les pluches de fenouil réservées.

SALADE DE CHAMPIGNONS AUX NOISETTES, SAUCE AU ROQUEFORT

Pour 2 personnes • Préparation : 15 min

250 g de champignons • 75 g de roquefort • 1 branche de céleri vert • 25 g de roquette • 1 yaourt nature bulgare (125 g) • 1 bonne cuillerée à soupe de noisettes décortiquées • 1 cuillerée à soupe de ciboulette hachée • 2 cuillerées à soupe de mayonnaise • 2 cuillerées à soupe de crème fraîche • Sel et poivre

1. Écrasez le roquefort à la fourchette avec un peu de yaourt, jusqu'à obtention d'une pâte. Ajoutez le reste du yaourt et mélangez bien. Ajoutez la mayonnaise, la crème fraîche et du poivre. Mélangez et rectifiez l'assaisonnement (attention, le roquefort est déjà bien salé).

2. Concassez les noisettes. Émincez finement le céleri.

3. Ne lavez pas les champignons : rincez-les éventuellement mais ne les laissez surtout pas tremper, ils s'imbiberaient d'eau. Le mieux est de simplement les brosser. Émincez-les finement.

4. Répartissez la roquette dans 2 assiettes, ajoutez les champignons, les noisettes, le céleri et la ciboulette. Arrosez d'un peu de sauce et servez aussitôt, avec le reste de la sauce à part.

SALADE DE POMMES DE TERRE RÔTIES AU JAMBON CRU

Pour 2 personnes
Préparation : 15 min
Cuisson : 30 min

6 fines tranches de jambon cru italien (de Parme ou autre)
6 petites pommes de terre à chair ferme (400 g)
100 g de mini-asperges vertes
2 poignées de mesclun
1 petit bloc de parmesan
½ cuillerée à soupe de câpres
½ cuillerée à café de pâte d'anchois (en tube)
1,5 cuillerée à soupe de jus de citron
1 cuillerée à soupe de crème fraîche
2 cuillerées à soupe d'huile d'olive à l'ail
1 cuillerée à soupe d'huile d'olive
Sel et poivre

1. Faites cuire les pommes de terre en robe des champs selon la méthode de votre choix (à l'eau, à la vapeur ou au micro-ondes).

2. Préchauffez le four à 180 °C (th. 6).

3. Coupez les pommes de terre et les tranches de jambon en deux, dans la longueur. Entourez chaque demi-pomme de terre d'une demi-tranche de jambon. Placez-les sur la plaque du four tapissée de papier cuisson. Badigeonnez-les d'huile d'olive et faites rôtir 10 minutes au four.

4. Pendant ce temps, faites cuire les asperges 3 minutes à l'eau bouillante salée. Rincez-les à l'eau froide.

5. Délayez la pâte d'anchois dans un bol avec l'huile d'olive à l'ail. Ajoutez le jus de citron, la crème fraîche et les câpres ; rectifiez l'assaisonnement.

6. Taillez des copeaux de parmesan à l'aide d'un économe.

7. Répartissez tous les ingrédients dans 2 assiettes, et servez aussitôt, avec la sauce à part.

SALADE DE COURGETTES
MARINÉES AU CHORIZO CROUSTILLANT

Pour 2 personnes
Préparation : 15 min
Marinade : 30 min
Cuisson : 5 min

50 g de chorizo en fines tranches
1 courgette (300 g)
1 petite botte de cresson
1 cuillerée à soupe d'amandes effilées
4 cl de jus de citron
4 cl d'huile d'olive
Sel et poivre

1. Mélangez le jus de citron et l'huile.

2. À l'aide d'une mandoline, taillez la courgette en rubans. Arrêtez-vous quand vous arrivez à la partie centrale avec les pépins. Disposez une couche de rubans de courgette dans un plat, badigeonnez-les du mélange huile-citron, salez-les légèrement, recouvrez d'une autre couche de courgette et répétez l'opération jusqu'à épuisement des ingrédients. Couvrez de film alimentaire et laissez reposer 30 minutes au réfrigérateur.

3. Préchauffez le four à 180 °C (th. 6).

4. Disposez les tranches de chorizo sur la plaque du four recouverte de papier cuisson et faites-les rôtir 5 minutes. Égouttez-les sur du papier absorbant.

5. Faites griller à sec les amandes dans la poêle. Lavez et essorez le cresson.

6. Égouttez les courgettes, disposez-les dans les assiettes avec le cresson, parsemez d'amandes et ajoutez le chorizo. Dégustez sans attendre.

SALADE DE POULET
MARINÉ GRILLÉ

Pour 2 personnes
Préparation : 15 min
Cuisson : 5 min
Marinade : 2 h

2 filets de poulet
150 g de tomates cerises
½ laitue romaine
½ citron jaune
½ citron vert
1 gousse d'ail
¼ de cuillerée à café de coriandre en poudre
1 petit brin de thym frais
Basilic frais
¼ de cuillerée à café de moutarde
5 cuillerées à soupe d'huile d'olive
Sel et poivre

1. Mélangez dans un plat le jus du demi-citron vert, la coriandre, la gousse d'ail coupée en lamelles, le thym émietté et 2 cuillerées à soupe d'huile d'olive. Déposez-y les filets de poulet et enrobez-les bien de marinade. Couvrez et laissez reposer 2 heures au réfrigérateur.

2. Égouttez les filets (retirez l'ail) et faites-les dorer à feu modéré dans une poêle anti-adhésive.

3. Pendant ce temps, mélangez au fouet 3 cuillerées à soupe de jus du citron jaune, du sel, du poivre, la moutarde et 3 cuillerées à soupe d'huile d'olive. Émincez très finement la laitue romaine et coupez les tomates cerises en deux. Répartissez dans les assiettes.

4. Assaisonnez les filets de poulet et taillez-les en lamelles. Ajoutez-les dans les assiettes, décorez de feuilles de basilic et servez aussitôt, avec la vinaigrette à part.

FRISÉE AUX LARDONS,
RAISINS ET ŒUFS DE CAILLE

Pour 2 personnes • Préparation : 15 min • Cuisson : 5 min

100 g de lardons • 6 œufs de caille • 100 à 150 g de raisin sans pépins • 2 poignées de salade frisée nettoyée • ½ c. à café de moutarde • 2 c. à soupe de vinaigre de vin • 5 cl d'huile d'olive • Sel et poivre

1. Versez le vinaigre dans un pot à confiture, salez et poivrez, puis ajoutez la moutarde et 4 cuillerées à soupe d'huile d'olive. Fermez et secouez bien.

2. Répartissez la frisée et les grains de raisin coupés en deux dans les assiettes.

3. Faites rissoler les lardons dans une poêle anti-adhésive, sans matière grasse. Débutez la cuisson à feu doux, puis augmentez la flamme quand le gras commence à fondre.

4. Pendant ce temps, huilez légèrement une autre poêle et faites cuire les œufs de caille au plat.

5. Répartissez les lardons et les œufs dans les assiettes et servez aussitôt, avec la vinaigrette à part.

SALADE AUX MOULES
ET À L'ORANGE

Pour 2 personnes • Préparation : 10 min

2 pots de moules au citron (2 x 200 g) • 100 g de mâche • 2 oranges • 1 oignon rouge, pas trop gros • 1 c. à soupe de ciboulette hachée • 80 g de mayonnaise • Poivre

1. Répartissez la mâche dans 2 assiettes, puis ajoutez l'oignon rouge émincé. Pelez les oranges à vif, coupez-les en deux, puis en tranches. Ajoutez-les dans les assiettes.

2. Versez la mayonnaise dans un bol et délayez-la avec le jus d'un pot de moules. Poivrez et ajoutez la ciboulette.

3. Répartissez les moules des deux pots dans les assiettes et servez aussitôt, avec la sauce à part. Accompagnez de baguette aux céréales.

SALADE AUX SCAMPIS ÉPICÉS
ET AU FENOUIL MARINÉ

Pour 2 personnes
Préparation : 20 min
Marinade : 30 min
Cuisson : 8 min

250 g de petits scampis surgelés
1 petit fenouil
½ laitue romaine
1 gousse d'ail
½ citron vert
Coriandre fraîche
1 cuillerée à café de graines de pavot
½ cuillerée à café de curcuma
¼ de cuillerée à café de piment en poudre
1 cuillerée à soupe de sauce soja
1 cuillerée à soupe d'huile de sésame grillé (pour wok)
4 cuillerées à soupe d'huile d'olive
Sel et poivre

1. Mélangez dans un plat 1 cuillerée à soupe d'huile d'olive, une demi-cuillerée à soupe d'huile de sésame, la gousse d'ail émincée, le curcuma et le piment. Ajoutez les scampis (dégelés et décortiqués), mélangez bien, couvrez et laissez reposer 30 minutes au réfrigérateur.

2. Mélangez dans un autre plat 3 cuillerées à soupe d'huile d'olive, une demi-cuillerée à soupe d'huile de sésame, le jus du demi-citron vert, la sauce soja et les graines de pavot. Ajoutez le fenouil débarrassé de ses tiges et coupé en tranches extrafines avec une mandoline, ainsi que du sel et du poivre. Mélangez délicatement, couvrez et laissez reposer 30 minutes au réfrigérateur.

3. Émincez la laitue romaine et mélangez-la avec le fenouil ; répartissez dans les assiettes.

4. Retirez l'ail se trouvant sur les scampis et faites-les griller à la poêle. Ajoutez-les dans les assiettes, décorez de coriandre et servez sans attendre. Accompagnez de pain naan grillé.

SALADE AUX CŒURS D'ARTICHAUTS CROUSTILLANTS

Pour 2 personnes
Préparation : 15 min
Cuisson : 20 min

6 fines rondelles de chorizo fort
3 œufs
½ bocal de cœurs d'artichauts au naturel (100 g, poids égoutté)
25 g de chapelure
2 poignées de salade nettoyée, au choix
¼ de cuillerée à café de moutarde
2 cuillerées à soupe de jus de citron
1 bain de friture
3 cuillerées à soupe d'huile d'olive
Sel et poivre

1. Déposez 2 œufs dans une casserole d'eau froide, portez à ébullition et comptez 9 minutes de cuisson, puis plongez-les dans l'eau froide.

2. Versez le jus de citron dans un pot à confiture, salez, poivrez, puis ajoutez la moutarde et l'huile. Fermez et secouez bien.

3. Battez l'œuf restant. Égouttez les cœurs d'artichauts et coupez-les en deux. Passez-les dans l'œuf battu, puis dans la chapelure.

4. Préchauffez le four à 180 °C (th. 6).

5. Disposez les rondelles de chorizo sur la plaque du four recouverte de papier cuisson et faites-les dorer 8 minutes. Égouttez sur du papier absorbant.

6. Écalez les œufs et écrasez-en un à la fourchette. Coupez l'autre en quatre. Déposez un peu de salade au centre des assiettes, entourez de 3 rondelles de chorizo et de 2 quartiers d'œuf dur. Faites dorer les cœurs d'artichauts dans la friteuse (à 180 °C), égouttez-les sur du papier absorbant et répartissez-les dans les assiettes. Parsemez avec l'œuf dur haché et servez aussitôt, arrosé d'un peu de vinaigrette.

SALADE PRINTANIÈRE AUX LENTILLES, ASPERGES ET SAUMON FUMÉ

Pour 6 personnes
Préparation : 10 min
Cuisson : 35 min

100 g de saumon fumé en tranches
½ bocal de mini-asperges vertes (55 g)
½ boîte de lentilles (120 g, poids égoutté)
50 g de petits pois surgelés
1 ou 2 ciboules
1,5 cuillerée à soupe de jus de citron
2,5 cuillerées à soupe d'huile d'olive
Sel et poivre

1. Versez les petits pois surgelés dans une grande casserole d'eau froide et portez à ébullition. Ajoutez alors les mini-asperges et faites cuire le tout 3 minutes. Égouttez et rafraîchissez à l'eau froide.

2. Égouttez les lentilles et rincez-les abondamment à l'eau froide ; laissez égoutter.

3. Émincez finement la ciboule (le blanc et deux tiers du vert).

4. Versez le jus de citron dans un bol, salez, poivrez, puis ajoutez l'huile d'olive ; mélangez au fouet.

5. Répartissez les légumes dans des assiettes ou dans de grands verres, puis ajoutez le saumon fumé et la ciboule. Arrosez de vinaigrette et servez frais, avec du pain croustillant.

SALADE TIÈDE
DE POMMES DE TERRE AUX MOULES

Pour 2 personnes
Préparation : 15 min
Cuisson : 10 min

500 g de moules
250 g de toutes petites pommes de terre
50 g de pousses d'épinards
½ citron
½ cuillerée à soupe de thym frais effeuillé
3 cl de vin blanc
4 cuillerées à soupe de crème fraîche
5 cl + ½ cuillerée à soupe d'huile d'olive
Sel et poivre

1. Ne pelez pas les pommes de terre : lavez-les bien, mettez-les dans un plat rond, piquez-les et couvrez. Faites-les cuire au micro-ondes, 6 minutes à 800 watts, en mélangeant à mi-cuisson.

2. Rincez plusieurs fois les moules, sans les faire tremper. Versez-les dans une casserole, avec le vin blanc, du poivre et une demi-cuillerée à soupe d'huile. Couvrez et faites-les ouvrir sur feu vif, en secouant la casserole de temps en temps. Retirez du feu et laissez reposer.

3. Râpez finement le zeste du demi-citron. Pressez-en le jus. Versez le tout dans un pot à confiture, salez,poivrez, ajoutez 5 cl d'huile, la crème et le thym. Fermez le pot et secouez. Rectifiez l'assaisonnement.

4. Coupez les pommes de terre en deux et salez-les légèrement. Décoquillez les moules.

5. Répartissez les pousses d'épinards dans 2 assiettes. Ajoutez les pommes de terre et les moules. Arrosez d'un peu de vinaigrette et servez aussitôt, avec le reste de la vinaigrette à part.

SALADE DE MANGUE
PIQUANTE

Pour 2 personnes
Préparation : 15 min
Cuisson : 3 min
Réfrigération : 30 min

1 mangue à point, pas trop grosse
1 poivron (½ rouge + ½ vert)
½ oignon rouge
1,5 cuillerée à soupe de coriandre fraîche hachée
1 ou 2 cuillerées à soupe de sauce pimentée sucrée
2 cuillerées à soupe de jus de citron vert
2 cuillerées à soupe d'huile d'olive
Sel et poivre

1. Émincez les poivrons en lamelles et plongez-les dans une grande casserole d'eau bouillante. Comptez 3 minutes de cuisson à la reprise de l'ébullition. Égouttez et rincez à l'eau froide.

2. Pendant ce temps, mettez la mangue pelée et coupée en dés dans un saladier. Ajoutez le demi-oignon rouge émincé et les lamelles de poivron.

3. Mélangez l'huile, le jus de citron vert, la sauce pimentée, un peu de sel et la coriandre. Versez dans le saladier et mélangez bien. Rectifiez l'assaisonnement.

4. Couvrez et laissez reposer au moins 30 minutes au réfrigérateur avant de servir.

5. Servez en accompagnement de scampis ou de poulet grillé. Cette salade est également idéale pour un pique-nique.

SALADE DE POMMES DE TERRE DE CADIX

Pour 2 personnes
Préparation : 15 min
Cuisson : 6 min
Réfrigération : 30 min

250 g de pommes de terre grenailles
½ boîte de pois chiches (120 g, poids égoutté)
1 tomate
½ échalote
40 g de rondelles d'olives vertes et/ou noires
2 brins de persil plat
1,5 cuillerée à soupe de vinaigre de xérès
3 cuillerées à soupe d'huile d'olive
Sel et poivre

1. Brossez les pommes de terre, piquez-les et disposez-les en soleil dans un grand plat rond. Couvrez et faites-les cuire au micro-ondes, 6 minutes à 800 watts. Contrôlez la cuisson : elles doivent être cuites mais encore un peu fermes. Laissez tiédir.

2. Égouttez les pois chiches, rincez-les abondamment à l'eau froide et laissez égoutter.

3. Dans un grand saladier, versez dans l'ordre : le vinaigre, du sel, du poivre et l'huile. Mélangez au fouet. Ajoutez les olives, les feuilles du persil plat, l'échalote finement hachée ainsi que les tomates épépinées et coupées en gros dés. Ajoutez les pois chiches et les pommes de terre coupées en deux dans la longueur.

4. Mélangez bien, couvrez et laissez reposer au moins 30 minutes au réfrigérateur avant de servir.

5. Servez en accompagnement de grillades de viande ou de poisson.

SALADE DE SAUMON FUMÉ
TEX MEX

Pour 2 personnes
Préparation : 15 min

150 g de saumon fumé
1 petit avocat à point
1 ou 2 tomates (selon leur grosseur)
½ oignon rouge
2 grosses poignées de roquette
1 citron vert
Tabasco®
4 cuillerées à soupe d'huile d'olive
Sel et poivre

1. Coupez la tomate en deux horizontalement, épépinez-la et coupez-la en petits dés. Émincez finement le demi-oignon rouge.

2. Pressez le jus du citron vert. Versez-en 4 cuillerées à soupe dans un pot à confiture et le reste dans une assiette creuse.

3. Coupez l'avocat en deux, dénoyautez-le, retirez la peau et taillez-le en petits dés, que vous mettrez au fur et à mesure dans l'assiette avec le jus de citron vert. Mélangez bien. Jetez le surplus de jus et ajoutez les dés de tomates ainsi que l'oignon. Mélangez.

4. Salez et poivrez le jus de citron réservé dans le pot à confiture, ajoutez l'huile et du Tabasco®. Fermez et secouez bien.

5. Répartissez le saumon fumé dans 2 assiettes, garnissez de roquette et de la salade d'avocat. Arrosez d'un peu de vinaigrette et servez bien frais, avec le reste de la vinaigrette à part. Accompagnez de pain croustillant

ASTUCE

Utilisez de préférence des avocats Hass, à peau granuleuse et presque noire : ils sont nettement meilleurs que les verts à peau lisse.

SALADE ORIENTALE
AU FROMAGE GRILLÉ

Pour 2 personnes
Préparation : 20 min
Cuisson : 5 min

125 g d'halloumi
150 g de tranches d'aubergines grillées surgelées
½ boîte de pois chiches (120 g, poids égoutté)
125 g de tomates cerises
2 brins de persil plat
1 brin de menthe fraîche
100 g de yaourt bulgare
½ gousse d'ail
½ cuillerée à café de cumin en poudre
½ cuillerée à café de paprika
Sumac
½ cuillerée à soupe de jus de citron
Huile d'olive
Sel et poivre

1. Mélangez le yaourt, la demi-gousse d'ail pressée, le jus de citron, 1 cuillerée à soupe d'huile d'olive, la menthe finement hachée, du sel et du poivre.

2. Égouttez les pois chiches, rincez-les à l'eau froide et égouttez-les à nouveau. Coupez les tomates cerises en deux. Prélevez les feuilles du persil plat. Mélangez le tout.

3. Versez 1 cuillerée à soupe d'huile, le cumin et le paprika dans une grande poêle. Faites-y chauffer l'aubergine préalablement décongelée.

4. Coupez l'halloumi en tranches. Badigeonnez-les légèrement d'huile. Faites chauffer une poêle-gril anti-adhésive à sec, à feu vif. Quand elle est chaude, faites-y griller les tranches d'halloumi sur les deux faces.

5. Étalez la sauce sur les assiettes, disposez les aubergines, puis le mélange aux pois chiches. Surmontez avec le fromage grillé, saupoudrez de sumac et servez.

SALADE DE CHOU BLANC
AUX POMMES, POULET AU POIVRE

Pour 2 personnes
Préparation : 10 min
Cuisson : 12 min

2 beaux filets de poulet
100 g de chou blanc émincé
1 pomme verte
½ yaourt nature bulgare (125 g)
2 cuillerées à soupe de ciboulette ciselée
1 cuillerée à soupe de mayonnaise
¼ de cuillerée à soupe de miel liquide
1,5 cuillerée à soupe de jus de citron
1 pincée de piment en poudre
1 cuillerée à soupe d'huile d'olive
½ cuillerée à soupe de poivre concassé
Sel et poivre

1. Mélangez l'huile, le poivre concassé et le piment dans une assiette. Roulez les filets de poulet dans ce mélange pour bien les enrober. Déposez-les dans une poêle anti-adhésive et faites-les dorer à feu modéré, sur les deux faces. Comptez environ 12 minutes de cuisson en tout.

2. Pendant ce temps, râpez la pomme avec le gros côté de la râpe et mettez-la dans un saladier contenant le jus de citron. Mélangez bien, puis ajoutez le chou et la ciboulette. Fouettez le yaourt, la mayonnaise, le miel, du sel et du poivre dans un bol. Versez sur la salade et mélangez soigneusement.

3. Servez les filets grillés accompagnés de la salade, avec du pain croustillant.

SALADE D'ASPERGES BLANCHES
AUX SHIITAKÉS

Pour 2 personnes
Préparation : 10 min
Cuisson : 15 min

1 petite botte d'asperges blanches, pas trop grosses (250 g)
75 g de shiitakés
50 g de pousses d'épinards
½ échalote
½ cuillerée à soupe de sauce soja
1 cuillerée à soupe de vinaigre de vin
3,5 cuillerées à soupe d'huile d'olive

1. Cassez la base fibreuse des asperges. Épluchez-les. Coupez-les en trois ou quatre. Réservez les pointes et plongez le reste dans une casserole d'eau bouillante. Après 5 minutes de cuisson, ajoutez les pointes et comptez environ 4 minutes de cuisson supplémentaires (à contrôler).

2. Pendant ce temps, brossez les shiitakés. Coupez-les en lamelles épaisses. Hachez très finement l'échalote. Faites revenir le tout à feu vif dans une poêle contenant 2 cuillerées à soupe d'huile, en mélangeant sans arrêt. Ajoutez les asperges égouttées et faites revenir 2 minutes à feu vif.

3. Répartissez dans les assiettes garnies de pousses d'épinards.

4. Versez la sauce soja et le vinaigre dans la poêle, retirez du feu et grattez les sucs. Ajoutez 1,5 cuillerée à soupe d'huile et répartissez dans les assiettes.

5. Servez aussitôt, en entrée, avec du pain croustillant.

SALADE DE GÉSIERS DE CANARD
À L'ANANAS ET AU CURRY

Pour 2 personnes • Préparation : 15 min • Cuisson : 5 min

1 paquet de gésiers de canard confits (300 g) • ¼ d'ananas frais (150 g) • 25 g d'amandes mondées • 1 yaourt nature bulgare (125 g) • 2 grosses poignées de mesclun • Ciboulette ciselée • 1 c. à soupe de miel • ½ c. à café de moutarde • 1 c. à soupe de sauce soja • ½ c. à café de curry en poudre • Sel et poivre

1. Coupez l'ananas en morceaux. Mettez-en 50 g dans le bol du mixeur et ajoutez le yaourt, le miel, la sauce soja, la moutarde et le curry. Mixez, rectifiez l'assaisonnement et ajoutez la ciboulette.

2. Passez les gésiers 2 minutes au micro-ondes.

3. Faites griller les amandes à sec, dans une grande poêle. Retirez-les et faites revenir 2 minutes à leur place les gésiers et les morceaux d'ananas, en utilisant un peu de la graisse fondue.

4. Répartissez le mesclun dans les assiettes, ajoutez les gésiers, l'ananas et les amandes hachées. Servez aussitôt, avec la sauce à part.

SALADE DE POMMES DE TERRE AUX SAUCISSES

Pour 2 personnes • Préparation : 10 min • Cuisson : 15 min • Réfrigération : 30 min

2 saucisses Knacki® (70 g) • 2 pommes de terre (300 à 350 g) • 4 petits cornichons • ½ oignon doux • Quelques feuilles de laitue • 1 c. à soupe de câpres • ½ c. à soupe de ciboulette ciselée • ½ c. à soupe de moutarde • 1,5 c. à soupe de mayonnaise • 1,5 c. à soupe de crème fraîche • Sel et poivre

1. Épluchez les pommes de terre, coupez-les en dés et faites-les cuire 15 minutes à l'eau bouillante.

2. Égouttez les pommes de terre, rincez-les à l'eau froide et laissez-les égoutter.

3. Pendant ce temps, mélangez la mayonnaise, la crème fraîche et la moutarde dans un saladier. Ajoutez les cornichons hachés, les câpres, les saucisses coupées en rondelles, le demi-oignon finement haché et la ciboulette. Ajoutez les dés de pommes de terre, mélangez bien et rectifiez l'assaisonnement. Couvrez et laissez reposer au moins 30 minutes au réfrigérateur.

4. Servez frais, dans des bols garnis de feuilles de laitue.

SALADE AUX LARDONS,
POMMES ET NOIX, VINAIGRETTE AU MIEL

Pour 2 personnes
Préparation : 10 min
Cuisson : 5 min

200 g de lardons fumés (allumette ou standard)
1 petite pomme
40 g de croûtons
½ sachet de mesclun
1 bonne cuillerée à soupe de cerneaux de noix
1 cuillerée à soupe de petits raisins secs
4 cuillerées à soupe de miel liquide
2 cuillerées à café de moutarde à l'ancienne
4 cuillerées à soupe de vinaigre de cidre
10 cl d'huile d'olive
Sel et poivre

1. Versez dans un petit pot à confiture, dans l'ordre : le vinaigre, du sel et du poivre, puis le miel. Mélangez bien, jusqu'à dissolution du miel. Ajoutez la moutarde et l'huile, refermez le pot et secouez bien ; rectifiez l'assaisonnement.

2. Faites rissoler les lardons dans une grande poêle anti-adhésive.

3. Pendant ce temps, concassez les noix. Répartissez la salade dans 2 assiettes. Ajoutez les pommes non épluchées, taillées en fines lamelles. Parsemez de noix, de croûtons et de raisins secs.

4. Répartissez les lardons chauds dans les assiettes, arrosez d'un peu de vinaigrette et servez aussitôt, avec le reste de la vinaigrette à part.

SALADE DE COURGETTES
AU CHÈVRE

Pour 2 personnes
Préparation : 20 min
Réfrigération : 30 min

1 courgette bien ferme (300 g)
1 petite bûche de chèvre (150 g)
1 belle tomate
½ citron
1 petite poignée de feuilles de basilic
4 cuillerées à soupe d'huile d'olive
Sel et poivre

1. Lavez et essuyez la courgette, mais ne la pelez pas. Coupez-la en tranches très fines et mettez-les dans un plat. Arrosez avec le jus du demi-citron, couvrez et laissez reposer au moins 30 minutes au réfrigérateur.

2. Coupez la tomate en deux horizontalement, épépinez-la et coupez-la en petits dés.

3. Égouttez bien la courgette et versez le jus de citron (4 cuillerées à soupe) dans un petit pot à confiture. Salez, poivrez et ajoutez l'huile d'olive. Refermez le pot et secouez-le énergiquement.

4. Répartissez les rondelles de courgettes dans 2 assiettes, salez et poivrez. Déposez par-dessus le chèvre coupé en rondelles. Parsemez de dés de tomates et de basilic ciselé. Arrosez d'un peu de vinaigrette et servez aussitôt.

SALADE AUX ROULADES
DE BRESAOLA ET CROÛTONS À L'AIL

Pour 2 personnes
Préparation : 15 min
Cuisson : 5 min

35 g de bresaola (6 tranches)
100 g de ricotta
½ sachet de mesclun à la roquette (ou autre salade au choix)
20 g de tomates semi-séchées à l'huile (poids égoutté)
20 g de rondelles d'olives noires et vertes dénoyautées
3 grandes feuilles de basilic
4 tranches de baguette
½ gousse d'ail
½ cuillerée à soupe de persil finement haché
1 cuillerée à soupe de vinaigre balsamique
20 g de beurre salé ramolli
1,5 cuillerée à soupe d'huile d'olive
Sel et poivre

1. Préchauffez le four à 210 °C (th. 7) et sortez-en la grille.

2. Mélangez la ricotta écrasée à la fourchette avec les tomates séchées bien égouttées et hachées, les olives et le basilic haché. Rectifiez l'assaisonnement.

3. Déposez une cuillerée de ce mélange sur chaque tranche de bresaola, au centre, en longueur. Enroulez-les, couvrez et mettez au frais.

4. Mélangez le beurre avec la demi-gousse d'ail pressée et le persil. Tartinez les tranches de baguette de ce mélange et déposez-les sur la grille du four. Faites dorer environ 5 minutes, en surveillant.

5. Pendant ce temps, versez l'huile, le vinaigre et un peu de sel sur la salade ; mélangez bien.

6. Déposez trois roulades dans chaque assiette, garnissez de salade et de croûtons à l'ail. Servez sans attendre.

SPAGHETTIS EN SALADE AUX TOMATES CRUES

Pour 2 personnes
Préparation : 10 min
Cuisson : 8 min
Réfrigération : 30 min

200 g de spaghettis
3 belles tomates
¼ d'oignon rouge
25 g d'olives vertes et/ou noires dénoyautées
1 petit bouquet de basilic
2 cuillerées à soupe de vinaigre balsamique
5 cl d'huile d'olive
Sel et poivre

1. Faites cuire les pâtes à l'eau bouillante salée en respectant le temps de cuisson indiqué sur l'emballage pour qu'elles soient *al dente*.

2. Pendant ce temps, coupez les tomates en deux horizontalement et épépinez-les. Taillez-les en petits dés et mettez-les dans un saladier. Ajoutez l'oignon rouge finement haché, les olives coupées en rondelles, l'huile et le vinaigre, ainsi que le basilic haché. Salez et poivrez.

3. Quand les pâtes sont cuites, égouttez-les, rincez-les longuement à l'eau froide et égouttez-les de nouveau soigneusement.

4. Ajoutez-les dans le saladier, mélangez bien et couvrez. Laissez reposer au moins 30 minutes au réfrigérateur avant de servir.

SALADE DE FENOUIL
À LA ROQUETTE ET AU PARMESAN

Pour 2 personnes
Préparation : 20 min
Réfrigération : 30 min

½ bulbe de fenouil (200 g)
50 g de roquette
1 petit bloc de parmesan (environ 30 g)
25 g de pignons de pin
½ petit oignon rouge
1 citron
4 cl d'huile d'olive
Sel et poivre

1. Pressez le jus du citron : il vous en faut 4 cl. Versez-le dans un saladier, salez, poivrez, puis ajoutez l'huile ; mélangez au fouet.

2. Supprimez les tiges du fenouil, coupez-le en deux, supprimez la partie dure au centre et émincez-le aussi finement que possible. Mettez-le dans le saladier et ajoutez l'oignon rouge finement émincé. Mélangez bien, couvrez et laissez compoter 30 minutes au réfrigérateur.

3. Pendant ce temps, faites griller les pignons de pin à sec, dans une poêle anti-adhésive.

4. Taillez le parmesan en copeaux (avec un éplucheur, c'est plus facile).

5. Lavez la roquette et essorez-la.

6. Au moment de servir, mélangez la roquette, les pignons de pin et le parmesan avec les autres ingrédients dans le saladier. Servez bien frais.

SALADE DE CALAMARS
À LA FLORENTINE

Pour 2 personnes
Préparation : 20 min
Marinade : 30 min
Cuisson : 1 min

300 g d'anneaux de calamars frais
75 g de jeunes pousses d'épinards (lavées, prêtes à l'emploi)
40 g de pignons de pin
1 petit bloc de parmesan (environ 25 g)
½ citron
1 gousse d'ail
¼ de cuillerée à café de moutarde
Huile d'olive
Sel et poivre

1. Râpez le zeste du demi-citron. Pressez-en le jus. Versez-les dans un plat avec la gousse d'ail émincée et les calamars. Mélangez et laissez reposer 30 minutes.

2. Faites griller les pignons de pin à sec, dans une poêle anti-adhésive.

3. Taillez des copeaux dans le parmesan (avec un économe).

4. Ôtez l'ail de la marinade, égouttez les calamars et récupérez le jus. Versez-en 3 cuillerées à soupe dans un pot à confiture, salez, poivrez, ajoutez la moutarde et 3 cuillerées à soupe d'huile. Fermez le pot à confiture et secouez bien.

5. Répartissez les pousses d'épinards dans 2 assiettes et parsemez de pignons de pin.

6. Faites chauffer 1 cuillerée à soupe d'huile dans une sauteuse, à feu vif. Faites-y saisir les calamars 1 minute. Retirez aussitôt du feu et poivrez.

7. Répartissez dans les assiettes et servez aussitôt, avec la vinaigrette et les copeaux de parmesan à part.

SALADE CHAUDE
À L'AGNEAU

Pour 2 personnes
Préparation : 10 min
Cuisson : 15 min

200 à 300 g de filet d'agneau
125 g de champignons
125 g d'asperges vertes
½ poivron rouge
50 g de mesclun
¼ de cuillerée à café de moutarde
½ cuillerée à soupe de jus de citron
2,5 cl de vinaigre balsamique
Huile d'olive
Sel et poivre

1. Versez le vinaigre dans un pot à confiture, salez, poivrez, ajoutez la moutarde et 5 cl d'huile. Fermez le pot et secouez.

2. Supprimez la base dure des asperges, coupez-les en deux, puis à nouveau en deux, dans l'épaisseur. Plongez-les dans une casserole d'eau bouillante salée et comptez 3 minutes de cuisson à la reprise de l'ébullition. Égouttez-les et rincez-les à l'eau froide.

3. Émincez les champignons et le demi-poivron. Faites-les revenir à feu vif dans une poêle avec 2 cuillerées à soupe d'huile et le jus de citron. Ajoutez les asperges et faites revenir 2 minutes à feu doux. Salez et poivrez.

4. Faites griller l'agneau avec l'huile dans une poêle anti-adhésive bien chaude (2 minutes par face), puis baissez le feu et poursuivez la cuisson.

5. Assaisonnez les filets d'agneau et taillez-les en tranches.

6. Répartissez la salade, les légumes et la viande dans les assiettes et servez aussitôt, avec la vinaigrette à part.

SALADE AUX CROSTINIS
PIMENTÉS

Pour 2 personnes
Préparation : 20 min
Cuisson : 10 min

125 g de tomates cerises
½ laitue romaine
¼ de concombre
¼ de botte de ciboules
½ fine baguette aux céréales (150 g)
100 g de feta
1 pot de yaourt grec (200 g)
½ cuillerée à café de harissa en tube
4 cuillerées à soupe de vinaigre de vin
8 cuillerées à soupe d'huile d'olive
Sel et poivre

1. Versez le vinaigre dans un pot à confiture, salez, poivrez, ajoutez l'huile et 100 g de yaourt. Fermez et secouez bien.

2. Préchauffez le four à 210 °C (th. 7). Sortez la grille.

3. Lavez et essorez la laitue hachée, coupez les tomates cerises en deux et émincez le quart de concombre. Mélangez.

4. Écrasez la feta à la fourchette avec la harissa et le yaourt.

5. Coupez la demi-baguette en tranches. Tartinez-les avec le mélange au fromage. Déposez-les sur la grille du four et enfournez-les. Faites-les dorer 10 minutes.

6. Mélangez la salade avec un peu de vinaigrette et les ciboules émincées. Répartissez dans les assiettes. Ajoutez les crostinis et servez aussitôt, avec le reste de la vinaigrette à part.

ASTUCE

Vous pouvez servir cette salade en entrée ou en guise de plat principal léger. Les crostinis seuls peuvent également être servis à l'apéritif.

SALADE DE MELON
ET MOZZARELLA AUX CHIPS DE JAMBON

Pour 2 personnes • Préparation : 10 min • Cuisson : 8 min

4 tranches de jambon cru italien • ½ melon charentais • 2 boules de mozzarella di bufala • 1 petit bouquet de basilic • 2 c.à soupe de vinaigre balsamique • 2 c. à soupe d'huile d'olive au basilic • Sel et poivre

1. Préchauffez le four à 180 °C (th. 6) et sortez-en la plaque. Recouvrez-la de papier cuisson et disposez-y les tranches de jambon. Faites-les rôtir 8 minutes environ, jusqu'à ce qu'elles deviennent croustillantes.

2. Pendant ce temps, épépinez le melon et coupez-le en fines tranches. Répartissez-les dans 2 assiettes. Ajoutez la mozzarella également taillée en tranches et arrosez chaque assiette d'huile et de vinaigre. Salez très légèrement et poivrez.

3. Épongez le jambon sur du papier absorbant et émiettez-le sur les assiettes. Ajoutez le basilic grossièrement haché et servez.

4. Accompagnez de pain croustillant.

SALADE D'ENDIVES
AUX POMMES ET AU MAGRET FUMÉ

Pour 2 personnes • Préparation : 10 min

90 g de magret de canard fumé en tranches • 2 endives (500 g) • ½ pomme verte • ½ échalote • ½ c. à soupe de persil haché • ¼ de c. à café de moutarde • 1 c. à soupe de jus de pomme • 1 c. à soupe de vinaigre de cidre • 2 c. à soupe d'huile d'olive • Sel et poivre

1. Hachez très finement l'échalote et mettez-la dans un pot à confiture. Ajoutez le vinaigre, du sel et du poivre, la moutarde, le jus de pomme, l'huile et le persil. Fermez le pot et secouez bien.

2. Répartissez dans les assiettes la pomme coupée en fines tranches, les endives émincées et les tranches de magret fumé.

3. Servez aussitôt, avec la vinaigrette.

SALADE D'AGNEAU À LA MAROCAINE

Pour 2 personnes
Préparation : 15 min
Cuisson : 10 min
Marinade : 1 h

250 g de noisettes d'agneau (1 filet)
1,5 orange
½ oignon rouge
1 cuillerée à soupe de menthe fraîche hachée
1 cuillerée à soupe de coriandre fraîche hachée
1 cuillerée à café de cumin en poudre
¼ de cuillerée à café de curcuma
½ cuillerée à café de harissa (en tube)
1,5 cuillerée à soupe d'huile d'olive à l'ail
2,5 cuillerées à soupe d'huile d'olive
Sel et poivre

1. Dans un petit plat, mélangez ½ cuillerée à café de cumin, le curcuma, la harissa et 1 cuillerée à soupe d'huile d'olive. Déposez le filet d'agneau dans cette marinade, enrobez-le bièn, couvrez et laissez reposer au moins 1 heure au réfrigérateur.

2. Faites griller le filet d'agneau à feu modéré dans une poêle anti-adhésive, environ 5 minutes par face. Salez et poivrez, retirez du feu et laissez reposer.

3. Pelez les oranges à vif et prélevez les suprêmes. Effectuez cette opération au-dessus d'un bol, de manière à recueillir le jus. Émincez le demi-oignon rouge et hachez les herbes. Ajoutez-les aux suprêmes d'oranges.

4. Fouettez 3 cuillerées à soupe de jus d'orange avec l'huile à l'ail, 1,5 cuillerée à soupe d'huile d'olive et le reste de cumin. Salez, poivrez.

5. Coupez l'agneau en tranches de 5 mm d'épaisseur, ajoutez-les aux oranges et arrosez le tout avec la vinaigrette. Mélangez délicatement. Servez aussitôt, accompagné de pain marocain.

SALADES POUR 4

SALADE AUX PETITS POIS,
LARD, FETA, ÉPINARDS ET MENTHE

Pour 4 personnes
Préparation : 10 min
Cuisson : 8 min

200 g de feta
200 g de fines tranches de lard
480 g de petits pois surgelés
100 g de pousses d'épinards
Quelques brins de menthe
6 cuillerées à soupe de jus de citron
6 cuillerées à soupe d'huile d'olive
Poivre

1. Préchauffez le four à 180 °C (th. 6). Disposez les tranches de lard sur la plaque du four recouverte de papier cuisson et enfournez. Comptez environ 8 minutes pour qu'elles deviennent dorées et croustillantes ; égouttez-les sur du papier absorbant.

2. Pendant ce temps, plongez les petits pois dans une casserole d'eau bouillante et comptez 3 minutes de cuisson à la reprise de l'ébullition. Égouttez-les et rincez-les à l'eau froide.

3. Fouettez le jus de citron avec l'huile d'olive, la menthe hachée et du poivre.

4. Taillez la feta en dés.

5. Assemblez les ingrédients sur un grand plat ou directement dans les assiettes de service : pousses d'épinards, petits pois, feta et lard. Arrosez de vinaigrette et servez aussitôt, avec du pain.

ASTUCE

Vous pouvez aussi laisser les feuilles de menthe entières et les mêler à la salade.

SALADE DE CREVETTES
AUX POIS MANGE-TOUT ET À L'AVOCAT

Pour 4 personnes
Préparation : 15 min
Cuisson : 3 min

200 g de grosses crevettes roses
1 avocat
100 g de pois mange-tout
50 g de roquette
2 branches de céleri

Sauce :
1 citron
75 g de mayonnaise
1 cuillerée à soupe de persil plat haché
1 cuillerée à soupe de basilic haché
1 cuillerée à soupe d'aneth haché
Sel et poivre

1. Plongez les pois mange-tout dans une casserole d'eau bouillante et comptez 3 minutes de cuisson à la reprise de l'ébullition. Égouttez-les et rincez-les à l'eau froide.

2. Pendant ce temps, préparez la sauce : versez la mayonnaise dans un bol, ajoutez un peu de zeste de citron râpé (environ 1 cuillerée à café) et 3 cuillerées à soupe de jus de citron. Ajoutez les herbes et mélangez bien ; rectifiez l'assaisonnement.

3. Émincez finement le céleri et taillez l'avocat en lamelles.

4. Assemblez les ingrédients sur un grand plat ou dans les assiettes de service : roquette, mange-tout, céleri, avocat et crevettes.

5. Servez aussitôt, en entrée ou comme plat, avec la sauce à part. Accompagnez de pain croustillant.

SALADE DE POULET
ET CRUDITÉS, SAUCE À LA NOIX DE COCO

Pour 4 personnes • Préparation : 15 min

300 g d'émincé de poulet fumé (ou un reste de poulet rôti) • 4 petites carottes • 1 concombre • 1 laitue romaine • 8 c. à soupe de cacahuètes grillées • Coriandre et basilic frais • Sauce : 16 cl de lait de coco • 1 piment rouge • 4 c. à soupe de jus de citron vert • 2 c. à café de sauce de poisson • 2 c. à café de cassonade blonde

1. Taillez les carottes en bâtonnets. Émincez finement le concombre.

2. Répartissez les feuilles de salade dans les assiettes ou disposez-les sur un grand plat. Ajoutez les carottes, le concombre, le poulet et les herbes.

3. Hachez finement le piment rouge, mettez-le dans un pot à confiture et ajoutez les autres ingrédients de la sauce. Fermez et secouez vivement.

4. Parsemez la salade de cacahuètes hachées et servez aussitôt, avec la sauce à part.

SALADE DE NECTARINES
À LA MOZZARELLA ET AU JAMBON CRU

Pour 4 personnes • Préparation : 10 min

12 fines tranches de jambon cru italien • 2 boules de mozzarella di bufala • 2 ou 3 nectarines jaunes (selon leur grosseur) • ½ bouquet de basilic • Crème de balsamique • Huile d'olive • Sel et poivre

1. Coupez les nectarines en deux, dénoyautez-les et coupez-les en tranches.

2. Coupez également les boules de mozzarella en tranches.

3. Disposez le jambon, les nectarines et la mozzarella dans 4 assiettes ou sur un plat. Arrosez d'un filet d'huile d'olive. Salez légèrement la mozzarella, poivrez le tout et ajoutez un peu de crème de balsamique.

4. Parsemez de basilic ciselé et servez, accompagné de pain.

ASTUCE
Vous pouvez servir cette salade chic en entrée ou lors d'un buffet froid.

SALADE
MADRILÈNE

Pour 4 personnes
Préparation : 15 min
Cuisson : 10 min

2 œufs
1 boîte de thon à l'huile d'olive (180 g)
1 botte d'asperges blanches
2 tomates
2 cœurs de Little Gem ou ½ laitue romaine
½ ciboule
50 g d'olives vertes dénoyautées
3 cuillerées à soupe de vinaigre de xérès
3 cuillerées à soupe d'huile d'olive à l'ail
Sel et poivre

1. Supprimez la partie dure à la base des asperges et pelez-les. Faites-les cuire à l'eau bouillante ou à la vapeur.

2. Déposez les œufs dans une casserole d'eau froide, portez à ébullition et comptez 9 minutes de cuisson. Rafraîchissez-les à l'eau froide, puis écalez-les.

3. Égouttez soigneusement le thon et émiettez-le. Récupérez 3 cuillerées à soupe de son huile et ajoutez-lui le vinaigre, l'huile à l'ail, du sel et du poivre ; mélangez au fouet.

4. Disposez les feuilles de Little Gem sur le plat de service. Ajoutez les tomates coupées en huit, la ciboule émincée et les œufs durs coupés en quatre. Ajoutez le thon et les olives, puis disposez les asperges coupées en deux par-dessus. Arrosez d'un peu de vinaigrette et servez.

ASTUCE

En Espagne, cette salade est servie en même temps que d'autres *raciones*. Vous pouvez la servir en entrée, en plat ou lors d'un buffet froid.

SALADE DE PÂTES FAÇON CAESAR

Pour 4 personnes
Préparation : 15 min
Cuisson : 20 min
Réfrigération : 30 min

2 filets de poulet (400 g)
10 tranches fines de lard
1 boîte d'anchois à l'huile
2 œufs durs
250 g de tomates cerises
250 g de pâtes courtes, au choix
100 g de parmesan en bloc

Sauce :
1 jaune d'œuf
2 cuillerées à soupe de câpres
25 g de parmesan râpé
1 cuillerée à café de moutarde
2 cuillerées à soupe de jus de citron
12 cl de crème fraîche
2 cuillerées à soupe d'huile d'olive
Sel et poivre

1. Déposez le poulet dans une casserole, couvrez d'eau froide et portez à ébullition. Comptez 10 minutes de cuisson, égouttez et laissez tiédir sur une planche à découper.

2. Faites cuire les pâtes *al dente*, égouttez-les et rincez-les longuement à l'eau froide.

3. Préchauffez le four à 180 °C (th. 6).

4. Disposez le lard sur la plaque du four recouverte de papier cuisson. Faites-le griller 10 minutes. Égouttez-le sur du papier absorbant.

5. Versez tous les ingrédients de la sauce dans un pot à confiture, fermez et secouez.

6. Coupez le poulet en lamelles. Mettez-les dans un saladier et ajoutez les pâtes, les tomates coupées en deux, le parmesan, les anchois égouttés et les œufs durs en quartiers. Arrosez avec la sauce et mélangez. Couvrez et laissez reposer au moins 30 minutes au réfrigérateur.

7. Au moment de servir, ajoutez le lard croustillant.

PANZANELLA VERDE
AU PECORINO

Pour 4 personnes
Préparation : 25 min
Repos : 2 h
Cuisson : 4 min

150 g de pain légèrement rassis
150 g de pecorino
1 concombre
1 sachet de fèves surgelées (300 g)
2 branches de céleri vert
1 oignon rouge
1 poignée de roquette
1 poignée de basilic
10 cl de jus de citron
10 cl d'huile d'olive
Sel et poivre

1. Coupez le concombre en dés ; mettez-les dans un saladier, salez et laissez reposer.

2. Plongez les fèves dans une casserole d'eau bouillante salée et comptez 4 minutes de cuisson à la reprise de l'ébullition. Égouttez-les et rincez-les à l'eau froide. Pelez-les.

3. Émincez le céleri et l'oignon rouge. Coupez le pain en petits morceaux. Versez le tout dans le saladier, puis ajoutez le jus de citron et l'huile d'olive. Mélangez bien. Couvrez et laissez reposer 2 heures au réfrigérateur.

4. Coupez le pecorino en petits morceaux et ajoutez-les à la panzanella, ainsi que la roquette et le basilic ciselé. Rectifiez l'assaisonnement et servez frais.

ASTUCE

Cette délicieuse salade peut être servie comme plat principal, mais aussi en accompagnement de charcuteries italiennes, de grillades ou lors d'un buffet.

SALADE DE COURGETTES
AU CRABE ET À L'ORANGE

Pour 4 personnes • Préparation : 15 min • Repos : 15 min

1 boîte de crabe (150 g, poids égoutté) • 2 courgettes, pas trop grosses • 2 oranges • 1 citron • ¼ de grenade • 5 cl d'huile d'olive • Sel

1. Pressez le citron de façon à obtenir 5 cl de jus et versez-le dans un saladier. Salez et ajoutez l'huile d'olive.

2. Taillez les courgettes en tranches très fines, à l'aide d'une mandoline. Mettez-les dans le saladier et mélangez bien.

3. Pelez les oranges à vif, coupez-les en deux, puis en tranches. Ajoutez-les aux courgettes, ainsi que les graines du morceau de grenade. Mélangez, couvrez et laissez reposer 15 minutes au réfrigérateur.

4. Étalez la salade sur un plat et disposez le crabe légèrement émietté par-dessus. Servez frais, en entrée, comme petit plat ou lors d'un buffet froid.

SALADE AUX RADIS, FENOUIL ET MANCHEGO

Pour 4 personnes • Préparation : 15 min • Repos : 20 min

2 petits fenouils (ou 1 gros) • 1 botte de radis • 250 g de manchego (poids net, la croûte retirée) • 50 g d'olives noires dénoyautées • 1 citron • Persil plat haché • 4 c. à soupe d'huile d'olive • Sel et poivre

1. Réservez le feuillage des fenouils. Supprimez les tiges et taillez les bulbes en tranches très fines à l'aide d'une mandoline. Mettez-les dans un saladier et ajoutez le jus du citron, du sel, du poivre et l'huile d'olive. Mélangez bien.

2. Nettoyez les radis et coupez-les en quartiers. Ajoutez-les dans le saladier, ainsi que les olives. Mélangez et rectifiez l'assaisonnement. Couvrez et laissez reposer 20 minutes au réfrigérateur.

3. Disposez la salade légèrement égouttée sur le plat de service, parsemez-la de persil haché et de pluches de fenouil. Ajoutez le fromage coupé en dés par-dessus et servez.

SALADE DE POULET
À LA VIETNAMIENNE

Pour 4 personnes
Préparation : 25 min
Cuisson : 10 min

2 filets de poulet
½ chou chinois
2 carottes
1 gros oignon rouge
Oignons frits (en sachet)
1 bouquet de menthe
12,5 cl de vinaigre de riz
2 cuillerées à soupe de sucre

1. Versez le sucre et le vinaigre de riz dans un grand saladier. Ajoutez l'oignon rouge émincé et mélangez bien. Laissez reposer.

2. Déposez les filets de poulet dans une casserole, couvrez-les d'eau froide et portez à ébullition. Comptez alors 10 minutes de cuisson à feu doux.

3. Pendant ce temps, pelez les carottes et taillez-les en fins bâtonnets. Émincez le chou chinois en commençant par le vert : il vous en faut 250 g. Ajoutez les feuilles de menthe hachées.

4. Quand le poulet est cuit, égouttez-le et laissez-le tiédir. Défaites-le en petites lanières, avec les mains.

5. Mettez le poulet, le chou, la menthe et les carottes dans le saladier contenant le vinaigre et l'oignon rouge. Mélangez. Servez frais, parsemé de miettes d'oignons frits.

ASTUCE

Vous pouvez aussi disposer les différents ingrédients sur un plat de service, en couches successives, et arroser le tout avec le vinaigre à l'oignon rouge.

SALADE NIÇOISE
DE POMMES DE TERRE AU THON CRU

Pour 4 personnes
Préparation : 20 min
Cuisson : 20 min

400 g de thon cru
4 œufs durs
1 ou 2 boîtes d'anchois roulés aux câpres
800 g de pommes de terre grenailles
200 g de haricots verts
300 g de tomates cerises
80 g d'olives noires dénoyautées
1 citron
1 cuillerée à soupe de moutarde
2 cuillerées à soupe de vinaigre
6 cuillerées à soupe d'huile d'olive
Sel et poivre

1. Faites cuire les pommes de terre en robe des champs selon la méthode de votre choix (à l'eau, à la vapeur ou au micro-ondes), en veillant à les garder légèrement fermes.

2. Coupez le thon en dés. Arrosez-les avec le jus du citron et une cuillerée à soupe d'huile. Assaisonnez, couvrez et laissez reposer au réfrigérateur.

3. Faites cuire les haricots à la vapeur. Coupez les tomates cerises en deux. Écalez les œufs durs et coupez-les en quatre.

4. Versez le vinaigre, du sel et du poivre dans un pot à confiture. Ajoutez la moutarde et 5 cuillerées à soupe d'huile d'olive. Fermez et secouez.

5. Coupez les pommes de terre égouttées en deux. Étalez-les dans un plat de service et laissez tiédir. Arrosez de vinaigrette, mélangez, puis ajoutez les haricots verts, les tomates, les anchois égouttés et les olives. Mélangez. Disposez le thon égoutté dessus et entourez de quartiers d'œufs durs.

SALADE CHINOISE
AU THON CRU

Pour 4 personnes
Préparation : 20 min

300 g de steak de thon extra-frais
2 carottes
1 poivron rouge
⅓ de concombre
Le vert de 4 feuilles de pak choï (ou 1 petit pak choï)
1 citron vert
1 morceau de gingembre frais
Coriandre fraîche
1 cuillerée à soupe de graines de sésame grillées
5 cl de mirin (vin de riz)
2 cuillerées à soupe de sauce soja
3 cuillerées à soupe d'huile d'arachide
1 cuillerée à café d'huile de sésame grillé

1. Émincez très finement le thon au couteau. Ajoutez 1 cuillerée à soupe de sauce soja, 1 cuillerée d'huile d'arachide, l'huile de sésame grillé et un peu de gingembre râpé, selon vos goûts. Mélangez, couvrez et laissez reposer, le temps de préparer les autres ingrédients.

2. Réalisez la vinaigrette : mélangez le mirin, le jus du citron vert, un peu de gingembre râpé, 2 cuillerées à soupe d'huile d'arachide, 1 cuillerée à soupe de sauce soja et les graines de sésame grillées.

3. À l'aide d'une mandoline, émincez très finement le concombre et le poivron rouge. Râpez les carottes de façon à en obtenir 100 g net puis hachez les feuilles de pak choï. Disposez le tout sur un plat de service, en laissant le centre libre. Arrosez avec un peu de vinaigrette.

4. Déposez le poisson mariné au centre du plat et décorez d'un peu de coriandre. Servez aussitôt, avec le reste de la vinaigrette à part.

SALADE DE QUINOA
À LA FETA

Pour 4 personnes • Préparation : 15 min • Repos : 30 min • Cuisson : 15 à 20 min

200 g de feta • 180 g de quinoa • 2 grosses tomates • 1 avocat • ½ oignon rouge • ½ citron • 2 c. à soupe de persil haché • 2 c. à soupe de coriandre hachée • 4 c. à soupe d'huile d'olive • Sel et poivre

1. Rincez le quinoa et plongez-le dans une grande quantité d'eau bouillante salée. Faites-le cuire 15 à 20 minutes (selon vos goûts), puis égouttez-le et rincez-le à l'eau froide ; laissez égoutter.

2. Versez le jus du citron dans un saladier et ajoutez-y l'avocat coupé en dés. Mélangez bien.

3. Épépinez les tomates et coupez-les en dés. Émincez l'oignon rouge. Coupez la feta en petits dés.

4. Versez le tout dans le saladier et ajoutez les herbes, le quinoa et l'huile d'olive. Mélangez bien et rectifiez l'assaisonnement.

5. Couvrez et laissez reposer 30 minutes au réfrigérateur avant de servir en plat principal, en accompagnement de grillades ou lors d'un buffet.

SALADE DE TOMATES CŒUR DE BŒUF AU CHORIZO CROUSTILLANT

Pour 4 personnes • Préparation : 10 min • Cuisson : 5 min

150 à 200 g de chorizo fort • 3 belles tomates cœur de bœuf (600 g) • ½ oignon doux (ou 1 petit) • Persil plat • 2 c. à soupe de vinaigre de xérès • 1 c. à soupe d'huile d'olive • Sel et poivre

1. Coupez les tomates en tranches et disposez-les dans un plat peu profond. Ajoutez l'oignon doux émincé et le persil.

2. Coupez le chorizo en rondelles et faites-les revenir dans une grande poêle contenant l'huile, jusqu'à ce qu'elles deviennent croustillantes.

3. Versez-les sur les tomates, sans oublier le gras rendu. Arrosez de vinaigre, assaisonnez, mélangez et servez sans attendre.

4. À déguster en entrée ou comme petit plat, avec du pain.

ASTUCE

Vous pouvez ajouter 1 gousse d'ail pressée sur le chorizo, en fin de cuisson.

SALADE NIÇOISE
AU SAUMON GRILLÉ

Pour 4 personnes
Préparation : 15 min
Cuisson : 15 min

500 g de filet de saumon
4 œufs durs
1 petite boîte de filets d'anchois à l'huile
400 g de tomates (classiques ou cerises)
200 g de haricots verts
1 poivron vert
80 g d'olives noires dénoyautées
½ botte de ciboules
1 cuillerée à café de moutarde
4 cuillerées à soupe de vinaigre de vin
10 cl d'huile d'olive
Sel et poivre

1. Plongez les haricots verts dans une casserole d'eau bouillante salée. Faites-les cuire 6 à 8 minutes, puis ajoutez le poivron vert taillé en fines lamelles. Poursuivez la cuisson 2 minutes supplémentaires, puis égouttez le tout et rafraîchissez à l'eau froide.

2. Faites chauffer une poêle anti-adhésive, à sec. Déposez-y le filet de saumon badigeonné d'huile d'olive et faites-le griller environ 2 minutes par face (selon sa grosseur). Éteignez le feu et laissez reposer dans la poêle. Salez et poivrez.

3. Versez le vinaigre dans un pot à confiture, salez, poivrez, ajoutez la moutarde et 8 cuillerées à soupe d'huile d'olive. Fermez et secouez.

4. Disposez tous les ingrédients sur un grand plat : les tomates coupées en morceaux, les légumes cuits, les œufs durs coupés en quatre, les ciboules émincées et les olives. Défaites grossièrement le saumon cuit par-dessus et ajoutez les anchois.

5. Servez frais, avec la vinaigrette à part.

TABOULÉ PIQUANT AUX ŒUFS ET AUX TOMATES CERISES

Pour 4 personnes
Préparation : 15 min
Cuisson : 5 min
Réfrigération : 1 h

4 œufs
250 g de tomates cerises
1 tasse de couscous (125 g)
1 petit oignon rouge (ou ½)
½ citron
½ bouquet de persil plat
1 cuillerée à soupe de concentré de tomate
Piment en poudre
5 cuillerées à soupe d'huile d'olive
Sel et poivre

1. Versez 15 cl d'eau dans une casserole. Ajoutez le concentré de tomate, un peu de piment et du sel. Portez à ébullition puis versez dans un saladier contenant le couscous. Laissez gonfler.

2. Pendant ce temps, battez juste un peu les œufs avec du sel et versez-les dans une poêle contenant 1 cuillerée à soupe d'huile bien chaude. Faites prendre rapidement, en cassant à la spatule, de manière à obtenir des petits morceaux d'omelette. Réservez dans une assiette.

3. Versez 4 cuillerées à soupe d'huile sur le couscous, ainsi que le jus du demi-citron. Ajoutez l'oignon rouge et le persil (tous deux hachés), puis les tomates coupées en deux. Mélangez et ajoutez les œufs. Rectifiez l'assaisonnement, couvrez et laissez reposer au moins 1 heure au réfrigérateur.

4. Servez frais, lors d'un buffet ou d'un pique-nique.

SALADE DE RIZ
AU POULET FAÇON TEX MEX

Pour 4 personnes
Préparation : 15 min
Cuisson : 10 min
Réfrigération : 1 h

300 g de poulet fumé émincé (ou un reste de poulet rôti)
125 g de riz basmati
1 poivron vert
1 boîte de haricots rouges (240 g, poids égoutté)
1 petite boîte de maïs en grains (140 g, poids égoutté)
1 oignon rouge
2 cuillerées à soupe de persil haché
2 cuillerées à soupe de miel
2 cuillerées à soupe de vinaigre de vin
4 cuillerées à soupe d'huile d'olive
Sel et poivre

1. Portez une demi-casserole d'eau salée à ébullition. Versez-y le riz, mélangez, couvrez et laissez mijoter 10 minutes à feu très doux. Environ 4 minutes avant la fin de la cuisson, ajoutez le poivron coupé en petits dés. Égouttez et rafraîchissez longuement à l'eau froide. Laissez égoutter de nouveau.

2. Versez le vinaigre, le miel, du sel et du poivre dans un saladier. Mélangez au fouet, puis ajoutez l'huile et le persil. Ajoutez l'oignon émincé et le maïs égoutté, ainsi que les haricots rouges égouttés et soigneusement rincés à l'eau froide.

3. Ajoutez le riz avec les dés de poivron et mélangez bien. Rectifiez l'assaisonnement. Pour finir, ajoutez le poulet émincé et mélangez délicatement. Couvrez et laissez reposer au moins 1 heure au réfrigérateur.

4. Servez frais, comme plat principal, ou lors d'un pique-nique ou d'un buffet.

SALADE DE QUINOA
AU SAUMON GRILLÉ FAÇON TABOULÉ

Pour 4 personnes
Préparation : 15 min
Cuisson : 20 min

500 g de filet de saumon
250 g de quinoa
250 g de tomates cerises
12 olives noires dénoyautées
½ botte de ciboules
2 citrons
6 brins de menthe
6 brins de persil plat
½ cuillerée à café de harissa
½ cuillerée à café de curcuma
6 cuillerées à soupe d'huile d'olive
Sel et poivre

1. Sortez le saumon du réfrigérateur 1 heure à l'avance. Mélangez 2 cuillerées à soupe d'huile et la harissa ; badigeonnez-en les portions de saumon et laissez reposer.

2. Versez 60 cl d'eau dans une casserole, ajoutez du sel et le curcuma puis portez à ébullition. Versez-y le quinoa et laissez mijoter 15 minutes sur feu très doux, à couvert.

3. Coupez les tomates cerises en deux et mettez-les dans un grand saladier. Ajoutez les olives en rondelles, les ciboules émincées et les herbes hachées. Versez le quinoa dans le saladier, ajoutez 4 cuillerées à soupe d'huile d'olive et le jus d'un citron. Mélangez et rectifiez l'assaisonnement.

4. Faites chauffer une poêle anti-adhésive à sec. Déposez-y les morceaux de saumon et faites-les griller 1 minute par face, à feu vif. Salez.

5. Servez le quinoa tiède avec le saumon grillé et des quartiers de citron.

ASTUCE

Vous pouvez aussi déguster ce plat froid ; dans ce cas, faites cuire le saumon un peu plus longtemps.

SALADE DE PÂTES
AUX LENTILLES ET À LA POMME VERTE

Pour 4 personnes • Préparation : 15 min • Cuisson : 8 min

250 g de piccolini (mini-penne rigate) ou autres pâtes courtes • 250 g de saumon fumé ou de crevettes roses (facultatif) • 1 boîte de lentilles (240 g, poids égoutté) • 1 pomme verte • ½ oignon rouge (ou 1 petit oignon entier) • ½ bouquet de ciboulette • 5 cl de jus de citron • 5 cl d'huile d'olive • Sel et poivre

1. Faites cuire les pâtes *al dente*, puis rincez-les longuement à l'eau froide ; laissez égoutter.

2. Égouttez les lentilles, rincez-les longuement à l'eau froide et égouttez à nouveau.

3. Versez le jus de citron dans un saladier. Coupez la pomme non épluchée en dés ; versez-les dans le saladier et mélangez bien. Ajoutez l'oignon émincé, les pâtes, les lentilles, la ciboulette ciselée, l'huile, du sel et du poivre. Mélangez bien.

4. Vous pouvez servir cette salade avec du saumon fumé.

SALADE DE LENTILLES
AU MAGRET DE CANARD ET À L'ORANGE

Pour 4 personnes • Préparation : 15 min • Réfrigération : 1 h

1 paquet de magret de canard fumé en tranches (90 g) • 2 boîtes de lentilles au naturel (2 x 240 g, poids égoutté) • 3 oranges • 1 échalote • 4 brins de persil plat • 1 c. à café de miel • 1 c. à café de moutarde à l'ancienne • 2 c. à soupe de vinaigre de xérès • 4 c. à soupe d'huile d'olive • Sel et poivre

1. Versez les lentilles dans une passoire et rincez-les longuement à l'eau froide ; laissez égoutter.

2. Pelez 2 oranges à vif, coupez-les en deux, puis en tranches. Mettez-les dans un saladier et ajoutez l'échalote finement hachée, le persil haché, les tranches de magret et les lentilles.

3. Pressez 3 cuillerées à soupe de jus d'orange. Versez-les dans un bol avec le vinaigre, la moutarde, du sel, du poivre et le miel. Mélangez au fouet, puis ajoutez l'huile d'olive. Mélangez, versez sur la salade et mélangez bien. Rectifiez l'assaisonnement.

4. Couvrez et laissez reposer 1 heure au réfrigérateur avant de servir.

FATTOUCHE, SALADE AUX TOMATES ET À LA COURGETTE

Pour 4 personnes
Préparation : 15 min

½ laitue romaine
2 ou 3 tomates (selon leur grosseur)
1 concombre libanais (ou ⅓ d'un concombre classique, épépiné)
6 radis
½ oignon rouge
2 pains pitta (environ 150 g en tout)
4 brins de menthe fraîche
4 brins de persil plat
1 cuillerée à soupe de sumac
4 cuillerées à soupe de jus de citron
4 cuillerées à soupe d'huile d'olive
Sel

1. Coupez les pains pitta en deux, dans l'épaisseur, de manière à obtenir 4 fines galettes. Faites-les griller au four ou au grille-pain.

2. Coupez le concombre en quatre bâtonnets, puis en tranches. Mettez-les dans un saladier avec les tomates coupées en dés, les radis coupés en rondelles, l'oignon rouge émincé et les herbes grossièrement hachées.

3. Hachez grossièrement la salade romaine, lavez-la et essorez-la. Ajoutez-la dans le saladier, saupoudrez de sumac, versez l'huile, le jus de citron et du sel. Mélangez.

4. Cassez les pains pittas grillés en petits morceaux et mélangez-les à la salade ; servez sans attendre.

5. Dégustez cette salade dans le cadre d'un *mezze* libanais (avec du caviar d'aubergine, des falafels, etc.), en entrée ou en accompagnement de grillades.

ASTUCE

N'hésitez pas à utiliser du pain libanais si vous en trouvez, votre fattouche sera plus authentique !

SALADE DE LENTILLES
AUX POMMES ET AUX NOIX

Pour 4 personnes
Préparation : 15 min
Réfrigération : 30 min

1 boîte de lentilles (240 g, poids égoutté)
1 pomme verte
1 ou 2 branches de céleri vert
1 échalote
30 g de cerneaux de noix
4 brins de persil plat
1 cuillerée à café de moutarde à l'ancienne
1 cuillerée à soupe de miel
3 cuillerées à soupe de jus de citron
2 cuillerées à soupe de vinaigre de cidre
4 cuillerées à soupe d'huile d'olive
Sel et poivre

1. Égouttez les lentilles, rincez-les abondamment à l'eau froide et laissez égoutter de nouveau.

2. Versez le jus de citron dans un saladier. Ajoutez la pomme (non épluchée) coupée en dés et mélangez. Ajoutez le céleri et l'échalote émincés, les feuilles du persil plat et les lentilles. Ajoutez les noix concassées.

3. Mélangez le miel et le vinaigre dans un pot à confiture, salez, poivrez, puis ajoutez la moutarde et l'huile. Fermez et secouez. Versez la vinaigrette sur la salade et mélangez.

4. Couvrez et laissez reposer au moins 30 minutes au réfrigérateur avant de servir.

5. Servez en accompagnement de saucisses grillées ou de saumon fumé (en supprimant alors le miel de la vinaigrette).

SALADE DE RISONIS
AUX CREVETTES, AU MELON ET À LA FETA

Pour 4 personnes
Préparation : 15 min
Cuisson : 5 min
Réfrigération : 30 min

150 g de crevettes roses
200 à 250 g de risonis (petites pâtes grecques)
200 g de feta
½ melon Galia (460 g)
1 oignon rouge
12 grandes feuilles de menthe
2 cuillerées à soupe de vinaigre
4 cuillerées à soupe d'huile d'olive
Sel et poivre

1. Faites cuire les pâtes à l'eau bouillante salée en respectant le temps donné sur l'emballage pour qu'elles soient *al dente*.

2. Pendant ce temps, coupez la feta en petits dés et mettez-les dans un saladier. Ajoutez les crevettes, l'oignon rouge émincé, les feuilles de menthe hachées ainsi que le melon pelé, épépiné et coupé en dés. Arrosez d'huile d'olive et de vinaigre.

3. Quand les pâtes sont cuites, égouttez-les et rincez-les abondamment à l'eau froide. Égouttez à nouveau et ajoutez-les dans le saladier. Mélangez bien et rectifiez l'assaisonnement. Couvrez et laissez reposer au moins 30 minutes au réfrigérateur.

ASTUCE

Cette salade est idéale en plat principal par temps chaud, mais aussi pour un buffet ou un pique-nique.

SALADE DE PÂTES GRECQUES AUX LÉGUMES ET AU CHÈVRE FRAIS

Pour 4 personnes • Préparation : 15 min • Cuisson : 10 min

250 g de petites pâtes grecques • 125 g de petits pois frais ou surgelés • 2 carottes (150 g) • 1 bocal de pointes d'asperges vertes (110 g) • 200 g de bûche de chèvre frais • 1 c. à soupe de miel liquide • 1 c. à café de moutarde • 3 c. à soupe de vinaigre balsamique • 6 c. à soupe d'huile d'olive • Sel et poivre

1. Faites cuire les pâtes *al dente*, puis rincez-les longuement à l'eau froide ; laissez égoutter.

2. Pendant ce temps, coupez les carottes en dés et plongez-les dans une casserole d'eau bouillante salée. Comptez 2 minutes après la reprise de l'ébullition ; ajoutez alors les petits pois et les asperges. Comptez 3 minutes de cuisson supplémentaires. Égouttez et rincez longuement à l'eau froide. Laissez égoutter.

3. Versez le miel et le vinaigre dans un saladier, mélangez soigneusement au fouet, puis ajoutez du sel, du poivre, la moutarde et l'huile ; mélangez bien. Ajoutez les pâtes, les légumes et le chèvre grossièrement émietté. Mélangez bien.

4. Servez en plat principal, lors d'un buffet, d'un pique-nique ou en accompagnement de grillades.

SALADE D'HIVER
AU CHÈVRE

Pour 4 personnes • Préparation : 15 min

100 g de mâche • 4 oranges • 4 petites endives • 2 bûches de chèvre (300 g) • 80 g de cerneaux de noix • 1 sachet de croûtons nature (75 g) • 1 c. à café de moutarde • 5 cl de vinaigre de cidre • 10 cl d'huile d'olive • Sel et poivre

1. Faites griller les cerneaux de noix à sec, dans une poêle anti-adhésive. Concassez-les.

2. Râpez finement la moitié du zeste d'une orange.

3. Pelez toutes les oranges à vif, réservez-en une demie et taillez tout le reste en rondelles.

4. Versez le vinaigre dans un pot à confiture. Salez, poivrez, ajoutez le jus de la demi-orange réservée, le zeste, la moutarde et l'huile. Fermez le pot et secouez.

5. Dans 4 grandes assiettes, répartissez la mâche, les endives émincées, les tranches d'orange, les noix et les croûtons.

6. Taillez les bûches de chèvre en rondelles, disposez-les par-dessus, arrosez-les d'un peu de vinaigrette et servez aussitôt, avec le reste de la vinaigrette à part.

SALADE DE POMMES DE TERRE
AUX ŒUFS DURS ET AUX LARDONS

Pour 4 personnes
Préparation : 15 min
Cuisson : 10 min

4 œufs
200 g de lardons allumette fumés
800 g de pommes de terre grenaille
50 g de petits cornichons
1 cuillerée à soupe de persil plat haché
100 g de mayonnaise
1 cuillerée à café de moutarde
2 ou 3 cuillerées à soupe de jus de citron
10 cl de crème fraîche
1 cuillerée à soupe d'huile d'olive
Poivre

1. Déposez les œufs dans une casserole d'eau froide et comptez 9 minutes de cuisson à partir de l'ébullition. Plongez-les ensuite dans l'eau froide.

2. Lavez les pommes de terre, piquez-les et disposez-les dans un grand plat rond. Couvrez et faites-les cuire au micro-ondes 6 minutes à 800 watts. Elles doivent être cuites mais encore un peu fermes.

3. Faites rissoler les lardons dans une poêle avec 1 cuillerée à soupe d'huile d'olive.

4. Dans un saladier, mélangez la mayonnaise, la moutarde, la crème fraîche, les cornichons hachés, du poivre et le jus de citron. Ajoutez les pommes de terre encore chaudes coupées en deux et mélangez bien.

5. Hachez grossièrement les œufs durs et parsemez-les sur les pommes de terre. Ajoutez les lardons et le persil haché. Servez tiède ou froid.

SALADE DE POULET
AUX NOUILLES ET AUX NOIX DE CAJOU

Pour 4 personnes
Préparation : 15 min

300 g de poulet fumé émincé ou un reste de poulet rôti
100 g de nouilles de riz
½ concombre
2 tomates
½ botte de ciboules
2 citrons verts
50 g de noix de cajou grillées
Coriandre fraîche
5 cuillerées à soupe de sauce pimentée sucrée (sweet chili sauce)
2 cuillerées à soupe de sauce de poisson

1. Mettez les nouilles dans un plat creux, couvrez-les d'eau bouillante et laissez reposer 2 minutes. Égouttez-les et rincez-les à l'eau froide.

2. Pendant ce temps, coupez le demi-concombre en deux, dans la longueur. Retirez les graines et coupez-le en tranches. Épépinez les tomates et coupez-les en dés. Émincez les ciboules (le blanc et deux tiers du vert).

3. Versez les nouilles dans un saladier, ajoutez le poulet émincé, les tomates, le concombre, les ciboules et de la coriandre hachée.

4. Pressez le jus des citrons verts, ajoutez-lui la sauce pimentée et la sauce de poisson. Remuez, versez sur la salade et mélangez bien.

5. Parsemez de noix de cajou hachées et servez bien frais.

ASTUCE

Vous pouvez remplacer le poulet par des crevettes roses.

PANZANELLA
AU THON

Pour 4 personnes
Préparation : 15 min
Réfrigération : 30 min

1 boîte de thon à l'huile d'olive (200 g)
1 boîte de filets d'anchois à l'huile (50 g)
150 g de pain blanc un peu rassis
4 à 5 tomates
1 concombre
1 petit oignon rouge (ou ½)
12 olives noires dénoyautées
1 poignée de feuilles de basilic
3 cuillerées à soupe de vinaigre de vin
Huile d'olive
Sel et poivre

1. Versez le thon dans une passoire placée au-dessus d'un bol et laissez-le égoutter.

2. Coupez le pain en dés et mettez-les dans un saladier.

3. Ajoutez les tomates coupées en gros dés ; ne les épépinez pas, leur eau va ramollir le pain.

4. Ajoutez l'oignon rouge émincé, les olives entières ou en rondelles, le thon émietté, ainsi que le concombre épépiné et coupé en dés. Égouttez soigneusement les filets d'anchois, coupez-les en deux et ajoutez-les à la panzanella.

5. Complétez éventuellement l'huile du thon avec de l'huile d'olive, de manière à en obtenir 6 cuillerées à soupe en tout. Ajoutez le vinaigre, le basilic haché, du sel et du poivre ; fouettez un peu. Versez sur la salade et mélangez bien. Couvrez et laissez reposer au moins 30 minutes au réfrigérateur.

SALADE DE CREVETTES
AU CHÈVRE ET AUX PETITS POIS

Pour 4 personnes • Préparation : 15 min • Cuisson : 2 min

400 g de crevettes roses • 2 bûches de chèvre frais (2 x 120 g) • 300 g de petits pois surgelés • 4 cœurs de Little Gem • 1 bouquet de menthe fraîche • ½ c. à café de moutarde • 6 c. à soupe de jus de citron • 8 c. à soupe d'huile d'olive • Sel et poivre

1. Plongez les petits pois surgelés dans une casserole d'eau bouillante et comptez 2 minutes de cuisson à partir de la reprise de l'ébullition. Égouttez-les et rincez-les à l'eau froide.

2. Versez le jus de citron dans un pot à confiture, salez, poivrez, puis ajoutez l'huile et la moutarde. Fermez et secouez.

3. Lavez et essorez les feuilles de Little Gem, répartissez-les dans les assiettes, tout comme les petits pois, les crevettes et le fromage de chèvre grossièrement émietté. Parsemez de menthe hachée et arrosez d'un peu de vinaigrette.

4. Servez aussitôt, avec le reste de la vinaigrette à part.

SALADE DE POULET
AUX LENTILLES ET AUX ARTICHAUTS

Pour 4 personnes • Préparation : 15 min

400 g de poulet fumé émincé (ou le reste d'un poulet rôti) • 1 boîte de lentilles (240 g, poids égoutté) • 1 bocal de cœurs d'artichauts à l'huile (280 g) • ½ botte de ciboules • 1 bouquet de persil plat • ½ c. à café de moutarde • 5 c. à soupe de vinaigre de vin • Sel et poivre

1. Versez le vinaigre dans un pot à confiture, salez, poivrez, puis ajoutez l'huile du bocal d'artichauts (10 cl) et la moutarde. Fermez et secouez.

2. Prélevez les feuilles du persil, lavez-les et essorez-les comme une salade. Émincez les ciboules (le blanc et deux tiers du vert). Coupez les artichauts en deux.

3. Égouttez les lentilles dans une passoire. Rincez-les abondamment à l'eau froide.

4. Répartissez tous les ingrédients dans les assiettes, sans oublier le poulet. Arrosez d'un peu de vinaigrette.

5. Servez bien frais, avec le reste de la vinaigrette à part.

TABOULÉ
À L'ITALIENNE

Pour 4 personnes
Préparation : 15 min
Cuisson : 8 min
Réfrigération : 1 h

100 g de fines tranches de jambon cru (de Parme ou autre)
250 g de tomates cerises
1 bocal d'artichauts à l'huile (285 g)
140 g de couscous
150 g de billes de mozzarella
1 citron
1 bouquet de basilic frais
5 cuillerées à soupe d'huile d'olive
Sel et poivre

1. Versez le couscous dans un saladier et arrosez-le de 18 cl d'eau bouillante salée. Laissez gonfler.

2. Pendant ce temps, coupez les tomates cerises en deux. Égouttez les billes de mozzarella et les cœurs d'artichauts.

3. Versez le jus du citron et l'huile d'olive sur le couscous ; mélangez à la fourchette pour qu'il soit bien aéré. Ajoutez le basilic ciselé, les tomates et la mozzarella. Mélangez bien, rectifiez l'assaisonnement, couvrez et laissez reposer au moins 1 heure au réfrigérateur.

4. Pendant ce temps, allumez le four à 180 °C (th. 6) et sortez-en la plaque. Recouvrez-la de papier cuisson et disposez-y les tranches de jambon, côte à côte. Faites-les rôtir 8 minutes environ, jusqu'à ce qu'elles deviennent croustillantes.

5. Servez le taboulé avec les tranches de jambon émiettées par-dessus.

SALADE DE POULET
AUX HARICOTS VERTS ET À LA PANCETTA

Pour 4 personnes
Préparation : 15 min
Cuisson : 15 min

600 g de filets de poulet
100 g de pancetta
400 g de haricots verts
1 oignon
2 gousses d'ail
2 cuillerées à soupe de ciboulette hachée
1 cuillerée à soupe de farine
1 cube de bouillon de volaille dégraissé
Piment en poudre
1 noix de beurre
1 cuillerée à soupe d'huile d'olive
Sel et poivre

1. Faites rissoler la pancetta grossièrement hachée dans un wok ou une grande sauteuse contenant l'huile. Égouttez-la quand elle est devenue bien croustillante ; réservez.

2. Ajoutez le beurre dans le gras rendu et faites-y revenir à feu vif le poulet émincé et l'oignon haché. Quand ils sont dorés, ajoutez les gousses d'ail pressées et la farine. Mélangez 1 minute. Versez ensuite 40 cl d'eau, le cube de bouillon émietté et du piment en poudre. Portez à ébullition puis baissez le feu et laissez mijoter 10 minutes à feu doux.

3. Équeutez les haricots verts et faites-les cuire à l'eau bouillante salée en les gardant croquants (environ 5 minutes). Égouttez-les et ajoutez-les dans le wok. Mélangez bien et rectifiez l'assaisonnement.

4. Servez bien chaud, parsemé de pancetta croustillante et de ciboulette. Accompagnez de riz ou de pommes de terre vapeur.

SALADE DE PÂTES AU POULET ET AU PESTO DE PISTACHES

Pour 4 personnes
Préparation : 15 min
Cuisson : 5 min
Réfrigération : 30 min

280 g de lamelles de poulet grillé
250 g de petites pâtes grecques
250 g de tomates cerises
50 g de roquette nettoyée
1 citron
50 g de pistaches décortiquées
50 g de parmesan fraîchement râpé
10 cl d'huile d'olive
Sel et poivre

1. Faites cuire les pâtes à l'eau bouillante salée en respectant le temps de cuisson donné sur l'emballage pour qu'elles soient *al dente*.

2. Pendant ce temps, mettez la roquette dans le bol du hachoir, ajoutez les pistaches, le parmesan, l'huile et le jus du citron (tout ou en partie, selon vos goûts). Faites tourner juste un peu, de manière à obtenir un pesto homogène mais pas trop moulu ; c'est meilleur quand il est encore un peu croquant ! Rectifiez l'assaisonnement.

3. Coupez les tomates cerises en deux et les lamelles de poulet en dés. Mettez-les dans un saladier.

4. Quand les pâtes sont cuites, égouttez-les, rincez-les longuement à l'eau froide et égouttez-les bien. Versez-les dans le saladier, ajoutez le pesto et mélangez soigneusement. Rectifiez l'assaisonnement.

5. Couvrez et laissez reposer au moins 30 minutes au réfrigérateur avant de servir.

ASTUCE

Vous pouvez utiliser un reste de poulet rôti pour réaliser cette recette.

SALADE DE LENTILLES
À LA FETA

Pour 4 personnes • Préparation : 15 min

1 boîte de lentilles (240 g, poids égoutté) • 1 bloc de feta (200 g) • 125 g de tomates cerises • 100 g de pousses d'épinards • 1 dizaine d'olives noires dénoyautées • ½ oignon rouge • 3 brins de persil plat • ½ c. à café de moutarde • 3 c. à soupe de vinaigre de vin • 6 c. à soupe d'huile d'olive • Sel et poivre

1. Égouttez les lentilles, rincez-les abondamment à l'eau froide et égouttez-les bien. Versez-les dans un plat.

2. Ajoutez les autres ingrédients : les tomates cerises coupées en deux, la feta coupée en cubes, l'oignon rouge émincé, le persil effeuillé, les pousses d'épinards et les olives.

3. Versez le vinaigre dans un petit pot à confiture, salez, poivrez, ajoutez ensuite la moutarde et l'huile. Refermez et secouez bien.

4. Servez la salade arrosée de vinaigrette et accompagnez de pain croustillant.

SALADE CHAUDE
DE POIREAUX AUX LARDONS

Pour 4 personnes • Préparation : 10 min • Cuisson : 15 min

200 g de lardons allumette fumés • 5 blancs de poireaux (env. 560 g) • 1 tomate • 1 échalote • 1 gousse d'ail • Ciboulette • 2 ou 3 c. à soupe de vinaigre de vin • 1 c. à soupe d'huile d'olive • Poivre

1. Coupez les blancs de poireaux en rondelles épaisses. Déposez-les dans un grand plat rond, arrosez de 5 cuillerées à soupe d'eau, couvrez et faites cuire au micro-ondes, 8 minutes à 800 watts, en mélangeant à mi-cuisson.

2. Pendant ce temps, hachez finement l'échalote et mettez-la avec les lardons dans une grande poêle ou une sauteuse contenant l'huile. Débutez la cuisson à feu doux, puis augmentez la flamme quand le gras des lardons commence à fondre. Faites bien rissoler le tout, puis ajoutez la tomate pelée, épépinée et coupée en petits dés, ainsi que la gousse d'ail pressée. Faites revenir 5 minutes à feu doux.

3. Ajoutez les poireaux dans la poêle, ainsi que le vinaigre et du poivre. Mélangez 1 minute et rectifiez éventuellement l'assaisonnement.

4. Parsemez de ciboulette ciselée et servez chaud.

SALADE TIÈDE
AUX DEUX HARICOTS

Pour 4 personnes
Préparation : 10 min
Cuisson : 10 min

150 g de pancetta
400 g de haricots verts fins
1 boîte de haricots blancs (240 g, poids égoutté)
2 cuillerées à soupe de pignons de pin
Quelques feuilles de basilic
½ cuillerée à café de moutarde
5 cuillerées à soupe de vinaigre balsamique
10 cuillerées à soupe d'huile d'olive
Sel et poivre

1. Préchauffez le four à 180 °C (th. 6).

2. Équeutez les haricots verts et plongez-les dans une casserole d'eau bouillante salée. Faites-les cuire 5 minutes.

3. Disposez la pancetta sur la plaque du four recouverte de papier cuisson. Faites cuire 8 minutes.

4. Égouttez les haricots blancs et rincez-les à l'eau froide. Laissez égoutter de nouveau.

5. Faites griller les pignons de pin à sec, dans une grande poêle anti-adhésive. Retirez-les et versez 2 cuillerées à soupe d'huile dans la poêle. Ajoutez les deux sortes de haricots bien égouttés et faites-les revenir à feu modéré.

6. Versez le vinaigre dans un pot à confiture, salez, poivrez, ajoutez la moutarde, et le reste d'huile. Fermez et secouez.

7. Retirez la poêle du feu, ajoutez la pancetta, les pignons et la vinaigrette. Mélangez. Servez aussitôt, parsemé de basilic frais.

INDEX DES RECETTES

T

ÉQUIVALENCES

MESURES LIQUIDES

Système métrique	Système américain	Autre nom
5 ml	1 cuillère à thé (cuillère à café française)	
15 ml	1 cuillère à table (cuillère à soupe française)	
35 ml	1/8 cup (tasse française)	1 oz (ou once)
65 ml	1/4 cup ou 1/4 grand verre	2 oz
125 ml	1/2 cup ou 1/2 grand verre	4 oz
250 ml	1 cup ou 1 grand verre	8 oz
500 ml	2 cups ou 1 pinte	
1 litre	4 cups ou 2 pintes	

MESURES SOLIDES

Système métrique	Système américain	Autre nom
30 g	1/16 lbs	1 oz
55 g	1/8 lbs	2 oz
115 g	1/4 lbs	4 oz
170 g	3/8 lbs	6 oz
225 g	1/2 lbs	8 oz
454 g	1 livre	16 oz

CHALEUR DU FOUR

Chaleur	° Celsius	Thermostat	° Fahrenheit
Très doux	70 °C	Th. 2-3	150 °F
Doux	100 °C	Th. 3-4	200 °F
	120 °C	Th. 4	250 °F
Moyen	150 °C	Th. 5	300 °F
	180 °C	Th. 6	350 °F
Chaud	200 °C	Th. 6-7	400 °F
	230 °C	Th. 7-8	450 °F
Très chaud	260 °C	Th. 8-9	500 °F

Toutes les recettes de ce livre sont tirées de *Salades pour 1, pour 2, pour 4* paru aux Éditions Mango en 2018.

Photo de couverture : Delphine Lebrun
Stylisme de couverture : Sophie Dumont

Direction : Guillaume Pô
Direction éditoriale : Tatiana Delesalle
Édition : Élise Marcantoni assistée d'Emma Lombois
Direction artistique : Sylvaine Beck
Création graphique : Ambrine Angaud
Mise en pages : Patrick Leleux PAO
Direction de fabrication : Thierry Dubus
Suivi de fabrication : Florence Bellot
1re édition - N° d'édition : M21020
ISBN : 9782317027291
Code MDS : MN27291

FSC www.fsc.org MIX Papper från ansvarsfulla källor FSC® C015559

Ce livre s'inscrit dans une démarche écoresponsable. Il est imprimé sur du papier FSC® issu de forêts gérées durablement. Cette certification garantit une empreinte carbone réduite et une gestion raisonnée de la forêt, qui maintient la biodiversité et protège les écosystèmes. Il est imprimé avec des encres végétales, c'est-à-dire fabriquées uniquement à partir de matières premières renouvelables et sans huiles minérales. Il a été imaginé et conçu en France, et imprimé en Europe.

Achevé d'imprimer en 2021
par Interak en Pologne

Dépôt légal : avril 2021
www.mangoeditions.com

Retrouvez-nous sur Instagram :
@mangoeditions

DANS LA MÊME COLLECTION